老年服务礼仪与沟通技巧

主 编 ● 朱庆欣
副主编 ● 赵丽丽 黄敏敏

清华大学出版社
北京

内 容 简 介

本书是智慧健康养老服务与管理专业及老年服务相关专业的教材,共十一章,第一至五章主要介绍老年服务从业人员应具备的礼仪规范和言行方式,第六至十一章主要介绍老年服务从业人员在为老年人服务工作中的沟通技巧和沟通方式。本书结合专业特点及教学内容融入思政元素,在各章末设计了练习题,同时配有课件、视频等数字资源。

本书可作为职业院校智慧健康养老服务与管理专业的教材,也可作为老年服务行业的社会培训教材,还可供相关爱好者学习参考。

本书封面贴有清华大学出版社防伪标签,无标签者不得销售。
版权所有,侵权必究。举报: 010-62782989, beiqinquan@tup.tsinghua.edu.cn。

图书在版编目(CIP)数据

老年服务礼仪与沟通技巧 / 朱庆欣主编. —北京: 清华大学出版社, 2024.6(2024.9重印)
ISBN 978-7-302-65976-1

Ⅰ. ①老… Ⅱ. ①朱… Ⅲ. ①老年人—社会服务—礼仪—中国—高等职业教育—教材 ②老年人—心理交往—高等职业教育—教材 Ⅳ. ①D669.6 ②C912.11

中国国家版本馆CIP数据核字(2024)第067674号

责任编辑: 陈凌云
封面设计: 张鑫洋
责任校对: 袁 芳
责任印制: 杨 艳

出版发行: 清华大学出版社
网　　址: https://www.tup.com.cn, https://www.wqxuetang.com
地　　址: 北京清华大学学研大厦A座　　　　邮　编: 100084
社 总 机: 010-83470000　　　　　　　　　邮　购: 010-62786544
投稿与读者服务: 010-62776969, c-service@tup.tsinghua.edu.cn
质量反馈: 010-62772015, zhiliang@tup.tsinghua.edu.cn
课件下载: https://www.tup.com.cn, 010-83470410
印 装 者: 三河市龙大印装有限公司
经　　销: 全国新华书店
开　　本: 185mm×260mm　　　印　张: 12　　　字　数: 276千字
版　　次: 2024年6月第1版　　　　　　　　印　次: 2024年9月第2次印刷
定　　价: 39.00元

产品编号: 102569-01

前　言

党的二十大报告指出："实施积极应对人口老龄化国家战略，发展养老事业和养老产业，优化孤寡老人服务，推动实现全体老年人享有基本养老服务。"随着我国老龄化程度逐年加深，老龄人口逐步增多，失能失智老人、空巢老人、高龄老人等特殊群体不断扩大，全社会对专业化、个性化养老服务的需求日益增加。与此同时，养老服务从业人员紧缺且流动性大，养老服务供需矛盾等问题明显突出。在此背景下，加强养老服务人才队伍建设、解决养老服务人才短缺问题对扩大养老服务供给、加快养老事业和养老产业发展具有重要意义。

老年人作为被照护对象，具有一定的特殊性，随着身体机能的退化，他们会出现听力下降、记忆力和视力减退、活动能力减弱、认知功能减弱及各种慢性疾病，还有些老年人离退休后会出现一些特殊的心理变化，因此在进行照护时要注意方式方法和沟通技巧。"老年服务礼仪与沟通技巧"是智慧健康养老服务与管理专业的基础课程，也是必修课程。本书共十一章，前半部分（第一至五章）主要介绍老年服务从业人员应具备的礼仪规范和言行方式，后半部分（第六至十一章）主要介绍老年服务从业人员在为老年人服务工作中的沟通技巧和沟通方式。

本书结合智慧健康养老服务与管理专业的相关特点，选择典型范例供学生阅读学习，还结合教学内容融入思政元素，立德树人，并在各章末设计了练习题，以便学生更好地掌握学习重点。此外，本书配有课件、视频等数字资源，方便教师教学和学生自主学习。

本书可作为职业院校智慧健康养老服务与管理专业的教材，也可作为老年服务行业的社会培训教材，还可供相关爱好者学习参考。

本书由朱庆欣担任主编，赵丽丽、黄敏敏担任副主编，吴小华、吴妮娟、刘世兰参与编写部分内容。此外，本书还邀请宜春市袁州老年公寓主任护师杜晓红、全国养老护理员技能竞赛二等奖获得者彭云、宜春市养老服务行业专家库成员熊扣花作为教材编写的顾问。本书第一章、第三章、第四章及第五章由朱庆欣编写，第二章、第十章由赵丽丽编写，第六章由刘世兰编写，第七章由吴妮娟编写，第八章由黄敏敏、吴妮娟共同编写，第九章、第十一章由吴小华编写，刘辉负责书中图片的拍摄。

在编写过程中，编者参考了国内外大量相关的文献、资料及教材，并吸纳了部分图表，同时得到了清华大学出版社和各院校的大力支持，在此谨一并致以衷心的感谢！

由于编者水平和经验有限，书中可能存在不足之处和错误，恳请专家、同行以及广大师生不吝赐教和指正。

编 者

2024 年 2 月

课程资源

目 录

第一章 老年服务礼仪概述 ... 1
第一节 礼仪概述 ... 2
一、礼仪发展简史 ... 2
二、礼仪的特点和作用 ... 4
三、礼仪的基本原则 ... 7
第二节 老年服务礼仪 ... 8
一、老年服务礼仪的概念 ... 8
二、老年服务礼仪的基本理论 ... 8
三、老年服务礼仪在老年服务中的作用 ... 11

第二章 仪容仪表礼仪 ... 13
第一节 发型 ... 14
一、头发的养护 ... 14
二、发型的设计 ... 16
三、老年服务人员发型要求 ... 19
第二节 化妆 ... 20
一、皮肤护理 ... 20
二、化妆的目的、特点及原则 ... 23
三、老年服务人员化妆的技巧 ... 24
四、化妆的禁忌 ... 26
第三节 服饰礼仪 ... 27
一、生活着装的基本原则 ... 27
二、工作着装的要求 ... 31

　　　　三、配饰礼仪……………………………………………………… 33
　　第四节　表情礼仪……………………………………………………… 34
　　　　一、目光…………………………………………………………… 35
　　　　二、笑容…………………………………………………………… 38

第三章　体态礼仪……………………………………………………… 42
　　第一节　站姿…………………………………………………………… 43
　　　　一、老年服务人员常用站姿……………………………………… 43
　　　　二、不良站姿……………………………………………………… 46
　　第二节　坐姿…………………………………………………………… 47
　　　　一、老年服务人员常用坐姿……………………………………… 47
　　　　二、坐姿注意事项………………………………………………… 51
　　第三节　走姿…………………………………………………………… 51
　　　　一、走姿的要求…………………………………………………… 52
　　　　二、不良走姿……………………………………………………… 53
　　　　三、扶行老年人的注意事项……………………………………… 53
　　第四节　蹲姿…………………………………………………………… 54
　　　　一、老年服务人员常用蹲姿……………………………………… 54
　　　　二、不良蹲姿……………………………………………………… 56

第四章　社交礼仪……………………………………………………… 58
　　第一节　见面礼仪……………………………………………………… 59
　　　　一、称谓礼仪……………………………………………………… 59
　　　　二、介绍礼仪……………………………………………………… 61
　　　　三、名片礼仪……………………………………………………… 64
　　　　四、握手礼仪……………………………………………………… 66
　　第二节　通信礼仪……………………………………………………… 68
　　　　一、通话礼仪……………………………………………………… 68
　　　　二、微信礼仪……………………………………………………… 71
　　第三节　往来礼仪……………………………………………………… 73
　　　　一、接待礼仪……………………………………………………… 73
　　　　二、拜访礼仪……………………………………………………… 74
　　　　三、馈赠礼仪……………………………………………………… 75
　　第四节　行政工作礼仪………………………………………………… 76
　　　　一、办公室礼仪…………………………………………………… 77
　　　　二、会议礼仪……………………………………………………… 78
　　　　三、护理文书礼仪………………………………………………… 79

第五章 求职应聘礼仪 …… 82

第一节 求职前的准备 …… 83
- 一、自我定位 …… 83
- 二、书面求职材料 …… 84
- 三、面试模拟训练 …… 87

第二节 面试礼仪 …… 88
- 一、面试前礼仪 …… 88
- 二、面试中礼仪 …… 90
- 三、面试后礼仪 …… 95

第六章 人际沟通概述 …… 98

第一节 沟通概述 …… 99
- 一、沟通的基本要素 …… 99
- 二、沟通的类型 …… 101
- 三、人际沟通的影响因素及应对策略 …… 104

第二节 人际关系概述 …… 106
- 一、人际关系的概念 …… 107
- 二、人际关系的特点 …… 107
- 三、人际关系的影响因素及应对策略 …… 109

第七章 老年服务沟通概述 …… 113

第一节 老年服务中的语言沟通 …… 114
- 一、老年服务语言沟通的特点 …… 115
- 二、语言沟通内容的选择 …… 116
- 三、音调、语气与情绪的选择与控制 …… 119

第二节 老年服务中的非语言沟通 …… 121
- 一、老年服务中的肢体语言 …… 121
- 二、老年服务中的倾听技巧 …… 125
- 三、老年服务中的环境语言 …… 127

第三节 与老年人有效沟通的技巧 …… 130
- 一、有效沟通的原则 …… 130
- 二、有效沟通的技巧 …… 131
- 三、促进老年人沟通能力的活动建议 …… 134

第八章 与老年人首次见面的沟通 …… 136

第一节 首次见面礼仪 …… 137
- 一、首次见面的注意事项 …… 137
- 二、首次见面前的准备 …… 139
- 三、首次见面的礼仪 …… 141

第二节 打开见面话题 …… 142

一、老年人喜欢的话题 ………………………………………………… 143
　　二、化解第一次见面冷场技巧 ………………………………………… 144
　　三、首次见面结束礼仪 ………………………………………………… 147

第九章　与特殊老年人的沟通技巧 149

第一节　与失智老年人的沟通 150
　　一、理解失智老年人的需求 …………………………………………… 150
　　二、与失智老年人的沟通技巧 ………………………………………… 151

第二节　与视听障碍的老年人沟通 155
　　一、与视力障碍老年人的沟通技巧 …………………………………… 155
　　二、与听力障碍老年人的沟通技巧 …………………………………… 157

第三节　与心理障碍老年人的沟通 158
　　一、与性格孤僻老年人的沟通技巧 …………………………………… 159
　　二、与情绪消极老年人的沟通技巧 …………………………………… 159

第十章　突发事件的沟通处理 163

第一节　与突然被告知患有疾病的老年人沟通 164
　　一、得知患病老年人的心理状态 ……………………………………… 164
　　二、深入了解老年人的基本情况 ……………………………………… 165
　　三、创造良好的环境氛围 ……………………………………………… 167
　　四、沟通技巧 …………………………………………………………… 167

第二节　处理老年人之间的常见矛盾冲突 168
　　一、养老机构老年人之间产生矛盾的主要原因 ……………………… 168
　　二、处理矛盾冲突的原则 ……………………………………………… 169
　　三、处理措施 …………………………………………………………… 170

第三节　与和家人闹矛盾老年人的沟通 171
　　一、老年人家庭关系的影响因素 ……………………………………… 171
　　二、处理措施 …………………………………………………………… 172

第十一章　与临终老年人沟通 174

第一节　与临终老年人的沟通技巧 175
　　一、临终老年人的心理反应阶段 ……………………………………… 175
　　二、进行临终关怀的意义 ……………………………………………… 176
　　三、与临终老年人沟通的基本原则 …………………………………… 176
　　四、与临终老年人沟通的基本步骤 …………………………………… 178

第二节　与临终老年人家属的沟通 179
　　一、临终老年人家属的心理反应 ……………………………………… 179
　　二、与临终老年人家属的沟通策略 …………………………………… 180

参考文献 183

附录　参考答案 184

第一章

老年服务礼仪概述

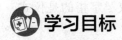 学习目标

知识目标
(1) 能够概述礼仪的起源和发展。
(2) 能够概述礼仪的基本原则。
(3) 能够阐述老年服务礼仪在老年服务中的作用。

能力目标
(1) 能够运用礼仪的基本原则培养良好的个人素质。
(2) 能够运用老年服务礼仪赢得老年人的信任。

素质目标
(1) 具有尊老、爱老、护老、助老的意识。
(2) 在服务老年人时有规范职业形象的意识。

随着时代的发展和社会的进步，人们的交往日益增多，礼仪与人际沟通在学习、生活和工作中的运用变得越来越重要。礼仪不仅可以约束人们的言行举止，同时也是一个人风度、教养、魅力的综合体现。为适应社会发展的需求，迎接新的挑战，对老年服务礼仪知识与人际沟通技巧的培养，已经成为当今老年服务教育中的重要内容。老年服务礼仪既是尊重老年人及其家属的形式，也是老年服务人员赢得服务对象信任的一种手段；老年服务人员良好的言谈举止不仅是传递美好情感的桥梁，更是给予老年人最大的人文关怀。礼仪在老年服务工作中发挥着树立老年服务人员形象、协调老年服务人员及老年人关系、提高老年护理服务质量等重要作用。

案例

小赵刚刚大学毕业，在某医养结合养老机构的护理岗位上工作。上班第一天，为了弥补自己身高的不足，给同事留下好印象，小赵上身穿着白色衬衣，下身穿着一步短裙，脚上踩着高跟鞋，长发飘飘，嘴唇涂着大红色的口红，兴高采烈地来到单位。小赵微笑着主动和其他同事问好，可是她很快发现，大家虽然也点头回应她，但是看着她的眼神却有些异样。

问题思考：
（1）为什么大家用异样的眼神看小赵？
（2）小赵有哪些地方做得不当？

第一节　礼仪概述

"礼仪"最早在我国古代被作为一个时代的典章制度，用于道德教化。礼仪的"礼"字指的是尊重，即在人际交往中既要尊重别人，也要尊重自己；"仪"字指的是仪式，是尊重别人、尊重自己的表现形式。

知识链接

礼，经国家，定社稷，序民人，利后嗣

"礼，经国家，定社稷，序民人，利后嗣"出自《左传》。

"礼，经国家，定社稷"是指遵守礼制，可以让国家长久，社会安定。"序民人，利后嗣"是指尊卑有别，上下有序，对后代是有益处的。

一、礼仪发展简史

礼仪是人类文明的结晶，是人类不断摆脱愚昧、野蛮，逐渐走向开化的标志。礼仪经历了漫长的历史发展过程。

（一）礼仪的起源

礼仪起源于原始社会，在原始社会，由于生产力水平低下，人们认识世界的能力极其有限，对自然现象无法做出科学的解释，更谈不上掌握和利用自然规律，因而对自然界充满神秘感、崇拜感和恐惧感。当遭遇旱灾、水灾、地震等天灾人祸的时候，人们就会进行一系列的宗教祭祀活动，以祈求神明的庇护，伴随这些活动的宗教礼仪应运而生。

（二）礼仪的发展

从历史发展的角度来看，礼仪的演变过程可以分为五个阶段。

1. 礼仪的萌芽时期

在原始社会的旧石器时期，礼仪比较简单和虔诚。例如，制定了区别部落内尊卑等级的礼仪制度、祭祀的祭典仪式；人们懂得用穿孔的兽齿、植物的种子串成项链，用兽皮、树叶制作成衣服来打扮自己，这是服饰礼仪的雏形；在已逝族人的身旁撒放赤铁矿粉，举行原始宗教仪式等，这是中国早期的葬礼。

2. 礼仪的形成时期

自公元前2070年左右夏朝建立至公元前771年西周灭亡，中国进入青铜器时代，从原始社会向奴隶社会过渡，传统礼仪进入飞速发展时期。这个时期的礼仪被典制化，并出现了我国早期的几部礼仪著作：《周礼》《礼记》《仪礼》，奠定了华夏礼仪传统的基础。其中，《周礼》是中国历史上第一部礼仪专著，它将人们的行为举止、心理情操等全部纳入一个尊卑有序的模式中，要求人们重礼、守礼；《礼记》的重点是对礼的各个分支做出符合统治者需要的理论说明；《仪礼》主要记录了战国以前贵族的行为规范。

3. 礼仪的变革期

公元前770年至公元前221年的春秋战国时期，是我国奴隶社会向封建社会转变的过渡期。在此期间，学术界形成了百家争鸣的局面，相继出现了孔子、孟子、荀子等思想家，发展和革新了礼仪理论。孔子要求人们用礼的规范来约束自己的行为，要做到"非礼勿视，非礼勿听，非礼勿言，非礼勿动"，并倡导"仁者爱人"，强调人与人之间要有同情心，彼此之间要相互尊重、相互关心；孟子主张"以德服人""舍生取义"；荀子主张"隆礼""重法"，且礼法并重。

4. 封建礼仪的形成、强化、衰落期

公元前221年至公元1911年，即秦汉时期至清朝末期，是封建礼仪的形成、强化、衰落期。在这一时期，礼仪的内容大致分为涉及国家政治的礼制和家庭伦理两大类。西汉思想家董仲舒在儒家"仁、义、忠、信"的思想基础上提出了"三纲五常"，"三纲"即"君为臣纲，父为子纲，夫为妻纲"，"五常"即仁、义、礼、智、信。董仲舒这一学说在漫长的封建历史中，一直被奉为人们日常行为的礼仪准则，成为维护封建社会等级秩序的工具。到清朝末年，礼仪发展到了僵化、刻板的地步，封建礼仪盛极而衰。

5. 现代礼仪时期

辛亥革命以后，中国两千多年的封建君主专制统治宣告结束。五四新文化运动对腐朽、落后的礼教进行了猛烈的抨击，极大地促进了人们的思想解放。人们迫切要求破除维护尊卑等级的封建礼仪，例如跪拜礼、缠足礼等；倡导民主、平等、自由的新礼仪，例如握手礼、鞠躬礼等，新的礼仪标准、价值观念得到了推广和传播。中华人民共和国成立以后，逐步确立了同志式的平等相处、互相帮助、友好往来、男女平等的新型社会主义礼仪，并把尊老爱幼、尊师重教、孝敬父母、讲诚信等中国传统礼仪的精华进行了传承和发扬光大。随着改革开放的深入，国际交往日趋频繁，一些西方的礼仪、礼节陆续传入我国，同我国的传统礼仪一起融入社会生活的各个方面。从推广文明礼貌用语、制订文明市民公约，到树立行业新风，各行各业的礼仪规范纷纷出台，礼仪讲座、礼仪培训日益受到重视。人人学习礼仪、理解礼仪、遵守礼仪成为一种风尚，在日常学习、生活、工作中的各个方面都体现出良好的道德修养和礼仪风范，在国际舞台上展现出华夏儿女的礼仪风采。

二、礼仪的特点和作用

礼仪一词有广义和狭义之分。广义的礼仪是指一个时代的典章制度；狭义的礼仪是指人们在社会交往中形成的，并应自觉遵守的行为规范与准则。而且这些规范与准则受到多种因素的影响，例如历史传统、风俗习惯、宗教信仰、时代潮流等，因此它在不同环境中的具体表现形式也有所差异，但它总以建立和谐、友好的社会关系为目的。

（一）礼仪的相关概念

礼仪是社会发展的产物，是人们在长期共同生活和相互交往的过程中逐步形成的，是对礼貌、礼节、仪表、仪式等具体形式的统称。

1. 礼貌

礼貌是指人们在交往过程中通过语言、表情、动作表示对交往对象的尊重、友好和敬意的行为规范，主要表现出一个人的内在品质和素养。例如，见面时使用尊称，主动和别人打招呼、握手等。

2. 礼节

礼节是指人们在社会交往过程中表示敬意、问候、祝贺、迎来送往等方面的惯用形式，例如鞠躬、献花等礼节。礼貌和礼节的关系是：没有礼节，就无所谓礼貌；有了礼貌，就必然伴有礼节。

3. 仪表

仪表是指一个人的外表，主要包括容貌、仪态、服饰、风度和个人卫生等内容。它在一定意义上能反映一个人的修养、性格等，是一个人内在素质的外在表现。例如，运动会开幕式中需要训练有素、仪表出众的礼仪小姐引导来宾就座。

4. 仪式

仪式是指在一定场合举行的，为表示尊重、敬意、友好的，有专门程序规范的活动。例如，开幕式、迎宾礼、升旗仪式等。

（二）礼仪的特点

礼仪是一门社会交际的学问，它具有以下几个方面的特点。

1. 规范性

礼仪是通过风俗习惯和传统等方式固定下来，通过社会的思想家集中概括出来，应用于人们的生活实践中，进而形成人们普遍遵循的行为准则。这些行为准则不断地支配或控制着人们的交往行为。

2. 共同性

礼仪是社会发展的产物，也是全人类共同的需要。不同国家、地区和民族都以讲礼仪为荣。尽管不同国家、地区和民族的礼仪活动在内容、表现形式和标准上可能有所不同，但它们都是当地社会各阶层人士必须共同遵守的准则与行为规范。

3. 差异性

"五里不同风，十里不同俗"，不同国家、地区和民族由于各自的政治体制、经济发展水平、文化背景均有所差异，因此形成的礼仪表现的形式也不一样。礼仪的差异性还表现为同一种礼仪，在不同场合、针对不同对象，也存在着差别。例如，同样是握手，男女之间握手的力度不同，新老朋友之间也有所区别。

4. 继承性

礼仪规范是将人们交往中的行为方式，以准则的形式固定并沿袭下来。作为人类文明的积累，一种礼仪一旦形成，便会有一个延续的过程，被一代接着一代传承下来。对于礼仪文化遗产，我们应该秉承"取其精华，去其糟粕"的态度，将传统礼仪的精华发扬光大，付诸实践。

5. 发展性

礼仪随着社会的进步也在不断发展，新的时代背景赋予了礼仪新的内容，并在实践中逐渐完善，形成一种具有时代特色的礼仪规范。在我国古代社会中，平民百姓见到官员或有钱人必须下跪或者作揖，以显示尊卑之间的地位差异。如果违反了这个规定，则会被认为"大不敬"，严重者会入狱甚至被杀头。而在当代社会中，礼仪已经摒弃和革除了显示人尊卑身份的跪拜礼，取而代之的是体现民主、平等关系的握手礼。

6. 针对性

礼仪是用于需要以礼相待的特定交际场合中的仪式、礼节，对特定的时间、地点、人物，礼仪可以发挥积极的作用；否则，礼仪可能会起到反作用。例如，小李是一名多才多艺的老年服务工作者，在养老机构的元旦歌舞晚会上担任主持人。作为晚会主持人，仪容的要求是适宜的晚妆；而在日常工作中，则要求小李淡妆上岗，否则会引起老年人的反感。

7. 实践性

礼仪是一门来源于社会实践，并必须在实践中不断演练、服务于社会实践的学科。礼仪具有很强的操作实践性，在社会交际中，人们只有把学到的礼仪理论知识自觉应用于实践，才能不断地检验和提高自身的礼仪素质，并达到学以致用的目的。

（三）礼仪的作用

礼仪蕴含着人类对德行的追求，对个人期望和宽容的表达，对美好生活的期待，以及对审美情趣的重视和培养。其作用主要体现在以下几个方面。

1. 沟通作用

在人际交往中，如果人们能够自觉地运用礼仪规范，用热情的问候、友善的目光、亲切的微笑、大方得体的举止对待交往对象，就可以给对方留下美好的印象，增加人际交往的吸引力，增进人与人之间的了解和信任，帮助人们达到沟通的目的，这样有利于扩大社会交往，促进事业的成功。

2. 教育作用

礼仪具有丰富的文化内涵，是一种高尚、美好的行为方式。礼仪的推广可以潜移默化地影响人们的心灵，在社会上起到良好的示范教育作用，可以带动良好的社会风气。例如，电视、公交车、高铁上经常播放的公益广告，可以纠正人们不正确的行为习惯，倡导人们按照礼仪要求，协调人际关系，其目的是营造文明、健康、和谐的社会氛围，为社会主义精神文明建设贡献力量。

3. 协调作用

礼仪是人们社交活动中的润滑剂，对营造团结友爱、平等互助的新型人际关系起着重要的作用。在现代生活中，人们的相互关系错综复杂，有时会因利益关系或者不同意见而产生矛盾冲突，严重时甚至会采取极端行为，礼仪有利于促使双方保持冷静，缓解已激化的矛盾。

4. 约束作用

礼仪作为行为规范，一旦制订和推行后，便会成为社会习俗和行为规范。尽管礼仪不像法律那样具有强制力，但是它可以通过舆论监督和社会影响产生约束力，促使人们自觉地在适当范围内遵守它。

5. 美化作用

礼仪重视内在美和外在美的统一，是塑造良好形象的必要手段。在社交活动中，注重礼仪的交谈可以变得文明；注重礼仪的举止可以变得高雅；注重礼仪的仪表可以变得大方。优雅的风度、良好的修养可以促进人际关系的和睦，使生活变得更加美好，这就是礼仪的美化作用。

6. 尊重作用

在人际交往中，正确运用礼仪非常重要。例如，在待人接物时，合乎礼仪规范的仪容仪表、言谈举止表达的是对交往对象的尊重。如果不遵循礼仪规范，就容易产生矛盾冲突，甚至导致人际关系的紧张。

立德树人

给老人温暖与力量

"老人都像是老小孩，我要做的就是用爱心、耐心和专业技能让他们过得更舒心、更有尊严。"在湖南省邵阳市第二社会福利院（邵阳市老年病医院）养老护理岗位上工作了11年的何群，有着自己的工作心得。入职至今，凭借娴熟的护理技能与无微不至的人文关怀，她不仅获得了很多奖项，更收获了老人们的信任。何群说："养老服务要带着真感情，于细微处见真功、见真心，我为自己能参与到为老服务中感到光荣。"

资料来源：王铭.何群：给老人温暖与力量[N].中国社会报，2022-09-30（4）.

三、礼仪的基本原则

在社交场合中，只有正确运用礼仪，遵守礼仪的基本原则，才能发挥礼仪应有的作用，创造最佳的人际关系状态。礼仪的基本原则包括以下八个方面。

（一）遵守的原则

在人际交往活动中，每个人都必须自觉自愿地用礼仪去规范自己的言行举止，无论其身份地位高低、财富多少，都应严格遵守人际交往中的各种礼仪规范。否则，就会受到公众的指责，甚至导致事业的失败。只有掌握并坚持这条原则，才能保证礼仪能够逐步推广和规范使用。

（二）尊重的原则

在社会交往中，要做到敬人之心长存。礼仪从内容到形式都是尊重他人的具体体现，尊重他人是礼仪的核心所在。尊重他人不仅包括尊重交往对象的人格、劳动和价值，还包括尊重他人的选择，不强求他人按照自己的爱好习惯去生活、行事。老年服务工作人员对老年人的尊重包括对其生命、人格和权利的尊重。

（三）自律的原则

孔子曰："己所不欲，勿施于人。"意思是要求别人做到的，自己首先要做到。自律是礼仪的出发点和基础，礼仪规范由"对他人做法的要求"和"对自己做法的要求"两部分组成，其中最重要的是对自我的要求。在社会生活中，我们要树立一种道德信念，自觉按照礼仪规范严格要求自己，做到自我约束、自我控制、自我检点、自我反思。

（四）宽容的原则

"海纳百川，有容乃大。"所谓宽容，就是要求在人际交往活动中，既要严于律己，更要宽以待人。我们要尊重他人的选择，能容忍、体谅、理解他人，而不是求全责备、小肚鸡肠、斤斤计较、咄咄逼人。在现实生活中，人与人难免会发生冲突和误解，做人要怀有一颗宽容的心，得理也饶人，才能减少交往矛盾，化解人际冲突。

（五）平等的原则

在社会交往中，对待交往对象要以礼相待、一视同仁，不能因为交往对象彼此之间在身份、地位、年龄、性别、种族、财富、职业以及与自己关系亲疏程度的差异，而区别对待、厚此薄彼。当今社会讲究人人平等，礼仪只是约束规范人的行为，绝不是阶级地位的象征，这也是现代礼仪和古代礼仪在本质上的区别。

（六）从俗的原则

在人际交往活动中，因为国情、民族习惯、文化背景的不同，各地的礼仪要求也存在差异。对于这种情况，要坚持入乡随俗，与绝大多数人的习惯做法保持一致，避免误会和矛盾的产生，这也是体现对当地人的一种尊重，千万不要妄自尊大、自以为是。

（七）真诚的原则

真诚是人与人相处的基本态度，是一个人外在行为与内在道德的统一，是决定一个人的人际吸引力高低的首要因素。真诚要求人们在运用礼仪与人进行交往时，务必做到以诚待人、表里如一、真心实意、言行一致。只有这样，才能更好地与交往对象进行信息的传递、情感的交流、思想的沟通。否则既不能得到交往对象的尊重和信任，也达不到社交的目的。

（八）适度的原则

适度原则要求应用礼仪时合乎规范，注意技巧，把握分寸，尽量做到适度得体。从见面时的称呼、介绍，到相互间的交谈，既要彬彬有礼，又不能低三下四；既要优雅得体，又不能矫揉造作；既要真诚谦虚，又不能言过其实；既要热情大方，又不能阿谀奉承；既要尊重习俗，又不能粗俗无礼。

第二节　老年服务礼仪

一、老年服务礼仪的概念

老年服务礼仪是职业礼仪的一种，是指老年服务从业人员在为老服务工作中所形成的被大家公认的和自觉遵守的行为规范与准则。老年服务礼仪是顺应现代老年服务产业发展的需求而产生的，对提高老年服务人员的职业素养和满足老年人的身心需求具有重要意义。

二、老年服务礼仪的基本理论

老年服务的目标群体是老年人，而老年人由于身体各器官逐渐老化、功能衰退，导致视、听、味、嗅等感知功能下降，从而出现反应迟钝、行为迟缓、记忆力下降、智力减退等改变。老年人随着年龄的增长，情绪趋向不稳定，常表现出易怒、易哭泣，时常产生焦虑、抑郁、孤独、自卑等心理，当遇到困难或者挫折时，情绪反应更加激烈，心理承受能力会出现很大程度的降低。老年服务礼仪的基本理论是用科学的方法从不同角度阐释老年服务礼仪的本质，为提升老年人的幸福感指明方向。

（一）马斯洛的人类基本需要层次理论

1. 需要的概念

需要是人体大脑对生理和社会要求的反应。人的基本需要是指个体为了维持身心平衡并求得生存、成长与发展，在生理上和心理上最低限度的需要。

2. 人的基本需要层次

美国著名心理学家马斯洛于1943年在《人类动机理论》中首次提出了人类基本需要层次理论，认为人的基本需要应该得到满足，否则会引发疾病。马斯洛将人的基本需要按照其重要性和出现的前后顺序排列成五个层次，并用金字塔图案进行描述（图1-1）。

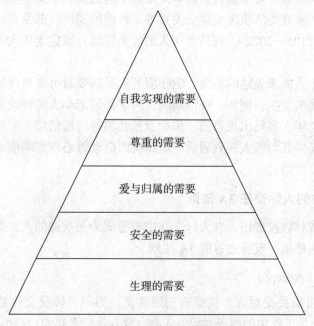

图1-1　马斯洛的人类基本需要层次理论

（1）生理的需要：指满足个体生存下去所必需的最基本需要，例如水、空气、食物、睡眠及排泄等。生理需要是人类最底层、最基本的需要，只有满足生理层次的需要，才能产生其他需要。

（2）安全的需要：指个体对生活稳定有保障，避免受到伤害的需要。它包括生理安全和心理安全两部分，生理安全方面指个体需要生理上的安全状态，防止身体上的伤害；心理安全方面指个体需要家庭安全、工作稳定、财产安全等。

（3）爱与归属的需要：指个体渴望得到家庭、团体、朋友、同事的关怀、爱护和理解，是对亲情、爱情、友情、信任、温暖的需要。爱与归属的需要比安全的需要更细微、更难捉摸，它与个人性格、经历、生活区域、民族、生活习惯、宗教信仰等都有关系，如果得不到满足，则会产生孤独、空虚、焦虑、恐惧及抑郁等不良情绪。

（4）尊重的需要：指个体对自己尊严及价值的追求，希望自己有稳定的社会地位，个人的能力和成就得到社会的承认。尊重包括自尊、被尊重和尊重他人，如果不能满足，则会产生自卑、软弱的感觉。

（5）自我实现的需要：指个体希望自己的能力和潜力得到充分发挥，实现在学习、工作及生活上的理想和抱负，并能从中得到心理和物质上的满足，这是人类最高层次的需要。

3. 人类基本需要层次理论对老年服务礼仪的意义

人类基本需要层次理论对老年服务礼仪的意义主要体现在两个方面。

（1）帮助识别老年人尚未得到满足的需要。人在健康状态下，可以通过努力，依靠自己满足大多数需要。但是随着年龄的增长，有些需要必须依靠他人的帮助才能满足。因此，老年服务人员务必要根据人类基本需要的不同层次，收集和整理老年人的各方面资料，例如病历、家庭经济状况及社会关系等，按照国家民政部发布的《老年人能力评估规范》（GB/T 42195—2022），评估老年人的能力等级，确定老年人需要解决的各方面问题。

（2）预测老年人尚未表达的需要。老年服务人员需要对可能出现的问题采取预防性的措施，防止问题的发生。例如，疫情期间，为了保证老年人的健康安全，养老机构实行封闭式管理，老年人容易出现恐慌、焦虑及孤独感等负面情绪，需要老年服务人员给予更多的陪伴、安排其与亲人视频通话、组织院内活动等心理慰藉服务，减轻老年人的恐慌和焦虑等不良情绪。

（二）布吉林的人际交往 3A 法则

美国学者布吉林教授提出，在人际交往中要想成为受欢迎的人，需要注意向交往对象恰到好处地表达尊重、友善之意的 3A 法则。

1. 第一个 A（Accept）

Accept 在这里指接受对方。接受有三层含义。第一，接受交往对象。无论是生活中的人情往来，还是工作中的服务对象及工作伙伴，我们需要面对形形色色的各类人群，因此，我们只有接受对方，才能进一步了解及沟通。第二，接受交往对象的风俗习惯。我们与不同地域的交往对象相处时，必须尊重对方的宗教信仰及风俗习惯，学会谅解、包容及接受。第三，接受对方的交际礼仪。当我们面对各式各样的交际礼仪时，应大方接受交往对象的施礼，并表达感激之意。

2. 第二个 A（Appreciate）

Appreciate 在这里指重视、欣赏对方。在交往的过程中，要让交往对象感觉到自己受到重视。例如，再次见面时能准确使用尊称，主动和对方打招呼，在话题的选择上能考虑对方的感受，用欣赏的态度、目光及语气和对方沟通交流。只有学会欣赏别人，才能取长补短，不断完善自我。

3. 第三个 A（Admire）

Admire 在这里指赞美对方。赞美是欣赏与感谢，它给人的喜悦是无法比拟的。对交往对象实事求是地给予赞美和肯定，可以拉近彼此的人际交往心理距离，是建立良好人际关系的催化剂。

作为老年服务工作者，为了能更好地服务于老年人，必须从心里真正接受老年人，科学评估老年人的生活习惯，除非对老年人的身心健康不利，否则需要用宽容的心态来对待老年人。在为老年人服务的过程中，要设身处地考虑老年人的身心需求，除了要体现对老年人的尊重，还要用适当的鼓励和赞美提升老年人的获得感和幸福感。

三、老年服务礼仪在老年服务中的作用

在老年服务行业中，良好的职业礼仪有助于塑造老年服务人员美好的职业形象，提高老年服务人员的人格魅力，为老年人营造一个温馨的养老环境。

（一）有助于塑造良好的老年服务人员职业形象

老年服务礼仪是老年服务人员素质、气质、修养、行为的综合反映，老年服务人员的行为举止、仪容仪表、人际关系处理能力与沟通技巧等，将影响到老年人及其家属对养老机构的信任。此外，良好的老年服务礼仪不仅可以强化老年服务行为效果，提高服务质量，也能影响社会公众对该养老机构所有老年服务人员的总体评价。因此，学习老年服务礼仪有助于塑造良好的职业形象。

（二）有助于老年服务人员形成高尚的道德品质

老年服务礼仪不仅仅是老年服务工作的行为规范，更是老年服务人员道德修养在老年服务活动中的具体表现。一位有道德、有修养的老年服务人员，在任何时候、任何场合下，面对任何老年人及其家属，都能做到严于律己、宽以待人；同样，一位有道德、有修养的老年服务人员，往往也是知礼、守礼、用礼的人。因此，礼仪与道德相辅相成，密不可分。通过老年服务礼仪的学习和教育，可以让每位老年服务人员了解在社会交往中应遵循的原则，使每位老年服务人员都能端正自身的行为，待人以礼、助人为乐、见义勇为，从而形成高尚的道德品质。

（三）有助于老年服务人员协调改善人际关系

目前，我国多数家庭为独生子女家庭，家庭生活的重心放在孩子身上，对孩子十分宠溺，导致孩子形成以自我为中心的性格特点，在遇到问题时不能做到换位思考，这是人际交往中产生矛盾的最根本原因。良好的人际关系基础就是人与人之间的互相尊重与支持。因此，老年服务人员只有学习老年服务礼仪并运用到为老服务中，才能协调和改善工作中的各种人际关系。

（四）有助于推动我国养老服务行业向前发展

随着人口老龄化的加剧，家庭式养老功能的减弱，老年人的个性化需求增加，老年服务人员只有学好礼仪，养成良好的职业修养，才能真正体现"以老年人为本"的服务理念，从而满足老年人的养老需求，有助于推动我国养老服务行业向前发展。

习题

1. 礼仪是人际交往中得到共同认可的（　　）。
   A. 思想　　　　　　　　B. 语言　　　　　　　　C. 爱好
   D. 行为规范和准则　　　E. 仪式

2. 凡事过犹不及，因此在社交场合运用礼仪时应该遵守礼仪的（　　）。
   A. 适度原则　　　　　　B. 真诚原则　　　　　　C. 从俗原则
   D. 平等原则　　　　　　E. 敬人原则

3. 古人云："己所不欲，勿施于人。"其内涵属于礼仪的（　　）。
   A. 遵守原则　　　　　　B. 自律原则　　　　　　C. 宽容原则
   D. 从俗原则　　　　　　E. 平等原则

4. 礼仪的特点不包括（　　）。
   A. 共同性　　　　　　　B. 差异性　　　　　　　C. 继承性
   D. 强制性　　　　　　　E. 发展性

5. 某市召开养老服务研讨会时，组织者在与会人员离场后发现，桌面、地面、椅子上散落了很多空着的矿泉水瓶、果皮、用过的纸巾等，这些与会人员违反了（　　）。
   A. 真诚原则　　　　　　B. 遵守原则　　　　　　C. 尊重原则
   D. 从俗原则　　　　　　E. 适度原则

6. 家境贫穷的初中生小胡，在回家的路上捡到一个钱包，里面装有2000元钱，他心里很纠结：是交给警察，还是拿回家给急需住院费的妈妈？最终小胡还是把钱包交给了警察，这属于礼仪的（　　）。
   A. 尊重作用　　　　　　B. 沟通作用　　　　　　C. 美化作用
   D. 约束作用　　　　　　E. 协调作用

7. 在西方国家见面时通常使用的是拥抱礼，而我国通常使用握手礼，这属于礼仪的（　　）。
   A. 针对性　　　　　　　B. 实践性　　　　　　　C. 差异性
   D. 共同性　　　　　　　E. 发展性

第二章

仪容仪表礼仪

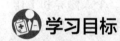 学习目标

知识目标

（1）能够列举着装的注意事项。

（2）能够概述头面仪容的礼仪要求。

（3）能够概述微笑的作用及注意事项。

（4）能够总结化妆的基本原则及皮肤、头发护理的步骤。

能力目标

（1）能运用简易化妆技能完成化妆。

（2）能根据工作时的着装要求进行合理的着装。

素质目标

（1）具有尊老、爱老、敬老的意识。

（2）在服务老年人时有规范的职业形象。

　　仪容仪表是指一个人的外观、外貌。它在一定程度上能反映一个人的修养、性格等特征，是一个人内在素质的外在表现。仪容仪表礼仪是指一个人的仪容仪表与他的体形、年龄、职业和所处场合相吻合，表现出和谐和美感，能增进人与人之间的感情。

　　老年服务人员的仪容仪表礼仪代表着养老机构的形象，体现了老年服务人员道德修养、审美情趣、知识结构及行为规范，会直接影响老年服务人员与老年人之间的沟通。愉快亲切的表情、真挚诚恳的眼神、大方得体的着装，能给老年人留下美好的印象，增加老年人的信任。

案例

小李是某养老院新来的员工，负责护理相关的工作，平时工作积极主动且效率高，很受领导器重。一天早上小李刚上班，电话铃声就响了起来，为了节省时间，她边接电话边整理头发。这时，张爷爷过来找小李，他看见小李正在忙，就站在桌前等待。只见小李一个电话接着一个电话，最后，他终于等到可以和她说话了，小李头也不抬地问他什么事，并且一脸的严肃。然而，当他正要回答时，小李突然又想到什么事，与同办公室的小王交代了几句。这时的张爷爷已是忍无可忍，他发怒地说："你们就是这样对待老年人的吗？"说完，就愤然离去。

问题思考：
（1）在这一案例中，小李有哪些地方表现得不妥当？
（2）在工作中，我们应该注意哪些仪容仪表礼仪？

第一节 发 型

头发不仅是性别区分的标志，而且可以表现出一个人的精神风貌、个人修养和工作态度。作为老年服务人员，应依据自己的审美习惯、工作性质和自身特点，对自己的头发进行养护和美化。

一、头发的养护

良好的职业形象不仅要做到头发清洁、梳理整齐，而且要对头发进行必要的护理，以保持其柔顺、有光泽和富有弹性。头发的养护需要从几个方面进行。

（一）经常梳理

1. 作用

在人的头皮上，分布着许多血管、神经、皮脂腺、汗腺等，梳理头发不仅能理顺头发、去除头皮屑，而且能刺激神经末梢，通过大脑皮层来调节头部神经功能，让头部紧张的状态得以松弛，同时还能促进血液循环，使毛囊、皮脂腺、汗腺得到充分的营养，促进头发的生长。

2. 方法

对头发的梳理从前额正中开始，以均匀力量，向头部、枕部、颈部梳划，然后从左、右耳的上部分别向各自相反的方向进行梳理，最后让头发向头的四周披散开来梳理。

3. 注意事项

（1）梳理头发最好选用木制、牛角材质的稀齿梳子，不使用塑料、尼龙材质的密齿梳子。塑料、尼龙材质的梳子容易产生静电，过密的梳齿会对毛发产生强力的牵拉作用，容易损伤头发。

（2）梳子要保持清洁，防止传染疾病。

（3）梳发时，要从发根慢慢梳理至发梢，防止用力拉扯，使头发拉断脱落。

（4）梳发不宜当众进行，梳发时若有脱发、头屑等，不宜随手乱扔。

（二）科学洗发

1. 时间

要使头发保持健康秀美，必须定期清洗头发。通常每周清洗2～3次，油性发质的人可1～2天清洗一次，干性发质的人可适当增加洗发间隔时间。此外夏季应适当增加洗发次数，冬季可适当减少洗发次数。

2. 方法

（1）洗发前先将头发梳通、理顺再将头发打湿，然后取适量的洗发剂于手心，加少量水揉搓至起泡后涂于头上，用指腹轻揉全部头发，尤其是发根部分，要仔细揉洗。

（2）用清水冲洗至无泡沫、无滑腻感后，施以护发剂，按揉数分钟再将其冲洗干净；如需再次清洗，则重复以上步骤。

（3）用干毛巾擦干，若天气温暖可用自然风吹干。

3. 注意事项

（1）根据头发性质选择刺激性小、去污力强，营养柔顺、易于冲洗干净的洗发剂。

（2）洗发时水温在40℃左右为宜。

（3）尽量少用或者不用吹风机吹干头发，不要搓揉、拉扯或绞拧头发，以减少对头发的损伤。

（三）正确按摩头皮

1. 作用

按摩头皮能刺激头皮上的毛细血管，促进血液循环，使人的精力充沛，有利于头发的生长发育，防止头发脱落和变白。老年人经常按摩头皮，能够延年益寿。此外，按摩头皮能够通经活络，起到防治神经衰弱、头痛、失眠、老年性痴呆、健忘症的作用。

2. 方法

按摩头皮时应伸开手指，手呈弓形，沿发际由前额向头顶，再由头顶到脑后，然后由两鬓向头顶作环状揉动，如此反复进行，直至头皮有发热、紧缩的感觉。

3. 注意事项

（1）按摩时用力需均匀，按照头皮血液自然流向心脏的方向顺序按摩。

（2）按摩油性头发用力要轻，以防过度刺激头皮，导致油脂分泌过多。

（3）按摩干性头发用力可稍重，并适量使用发乳或发油，使头发光亮润泽。

（四）合理饮食

饮食多样化、营养均衡、荤素搭配，是头发养护的基本饮食要求。要多吃富含维生素、矿物质、蛋白质的低脂肪食物。例如，各种新鲜的蔬菜水果、蛋黄、瘦肉、牛奶等。适当进食黑豆、黑芝麻、核桃等，以补充氨基酸、钙、铁等多种微量元素。除此之外，甘薯、山药、香蕉、菠萝、芒果也有利于头发的生长发育。

（五）避免刺激因素

1. 防止阳光暴晒

过度的日晒会使头发干枯变黄。烈日下外出最好是戴夏凉帽或是打太阳伞。

2. 减少烫发、染发

无论是电热烫发还是化学冷烫，烫发对发质均有一定的损伤，烫发间隔至少3个月，染发次数越少越好，最好不染。

3. 注意饮食

快餐食品、碳酸饮料、冰淇淋等食物，如果食用过量，都会影响头发的正常生长，容易出现卷曲或白发。

4. 避免精神紧张

精神过度紧张、用脑时间较长、注意力高度集中，都会使大脑的兴奋程度持续增高，导致与头发生长相关的内分泌功能发生紊乱，皮脂腺分泌旺盛，毛囊被栓塞。这会使头发的营养供应出现障碍，导致头发因脆性增加而发生脱落。

二、发型的设计

发型可以反映一个人的精神状况、审美情趣、文化修养、社会地位及行为规范。恰当的发型会使人容光焕发，朝气蓬勃，这需要结合自己的脸型、体型、年龄、服饰和职业等条件来进行设计。

（一）发型与脸型的配合

发型与脸型的配合非常重要，发型和脸型搭配适当，可以修饰脸型，使人更具有魅力。常见的脸型有七种：椭圆脸型、长脸型、圆脸型、方脸型、正三角脸型、倒三角脸型及菱形脸型。

1. 椭圆脸型

椭圆脸型线条优美匀称，形似鹅蛋，故又称鹅蛋脸，是东方女性非常推崇的完美脸型。椭圆脸型与大部分发型搭配都能有良好的效果（图2-1）。

图2-1 椭圆脸型

图2-2 长脸型

2. 长脸型

长脸的前额发际线较高，长脸型女性适合蓬松、柔软的发型，可留刘海，也可将头发梳成两边饱满的发髻，使脸型丰满（图2-2）。

3. 圆脸型

圆圆的脸给人以娇小可爱的感觉，在头顶或两侧增加头发的高度，使用两边不对称的设计会使脸更显瘦，不宜做太短的发型（图2-3）。

图2-3 圆脸型

图2-4 方脸型

4. 方脸型

方脸型的脸纵向距离比较短，下颌棱角明显，缺乏柔和感，应选择柔和的发型，头发可以留长一点，不宜留短发。可让头发披在两颊，以掩饰棱角（图2-4）。

5. 正三角脸型

正三角脸型具有额头窄、下巴宽的特点。设计发型时应尽可能增加额头两侧的厚度，减少下巴部分的厚度，这样就可以达到脸部的视觉平衡（图2-5）。

图2-5 正三角脸型

图2-6 倒三角脸型

6. 倒三角脸型

倒三角脸型的特征与正三角脸型相反，多数人下巴比较短。做发型时，应该使下颚两侧的头发蓬松一些，而上额两侧的发型应尽量服帖（图2-6）。

7. 菱形脸型

菱形脸型具有较高的颧骨，上额及下巴较窄，看起来上下窄中间宽，整体呈菱形。为掩饰这一缺陷，宜采用蓬松的大波浪发型，并让发线侧分，把额头头发做出蓬松的效果，以增加发量并拉宽额头发量。

（二）发型与发质的配合

头发发质因遗传、护理、营养等因素各不相同，根据不同发质特点做出适合的发型，可以更好地提升个人形象。

1. 柔软的头发

柔软的头发比较服帖，容易整理，适合剪成俏丽的短发。

2. 粗硬的头发

粗硬的头发难卷、难造型，可先用适量油性烫发剂使其软化，然后再做成需要的发型。在发型设计上应尽量简单。

3. 直而黑的头发

直而黑的头发发质较硬，宜梳直发，显得清纯、朴素。如果做卷发，需先用油性烫发剂将头发烫一下，使头发略带波浪而显得蓬松。发型设计尽量选择既简单又显得高贵、华丽的发型。

4. 自然卷发

自然卷发不需要使用烫发剂，利用自然卷发就能梳出各种漂亮的发型。留短发不易显示卷曲度，宜留长发，能显出自然卷曲之美。

5. 稀少的头发

若头发量少且缺少质感，宜留长发，梳成发髻，或做成轻柔的发型。因发型难以持久，可施适量胶合剂以固定发型。如果因头发过于稀少而影响面容，可佩戴假发予以掩饰。

（三）发型与体型的配合

在医学角度上，人的体型可分为瘦长型、匀称型、矮胖型三种类型，不同的体型应该选择与之相适合的发型。

1. 瘦长型

瘦长型又称无力型，表现为体高肌瘦、颈细长、肩窄下垂、胸廓扁平、腹上角小于90°。这种体型宜留长发、直发。发型要求生动饱满，以大方、简洁为好。避免将头发梳得紧贴头皮或将头发搞得过分蓬松，避免将头发剪得太短或高盘于头顶上。

2. 匀称型

匀称型又称正力型，表现为身体各个部分的结构匀称适中，腹上角等于90°，见于多数正常成人。多数发型都适合这种体型，可结合自己身体的特点、职业的特点等做出适宜的发型。

3. 矮胖型

矮胖型又称超力型，表现为体格粗壮、颈粗短、肩宽平、胸围大、腹上角大于90°。这种体型在发型上要强调整体发势向上，亮出颈部以增加一定身高。不宜留长波浪、长直发等发型。高盘发可使身体有拔高感。

（四）发型与年龄的配合

不同的年龄要选择不同的发型，发型选择不好，会影响个人形象和气质。

1. 青年人

青年人可选择新颖、美观、活泼的发型，短、中、长发均可，可直发也可烫发，要体现其聪慧、文雅。

2. 中年人

中年人年龄跨度较大，几乎任何发型都适合这个年龄段，要体现其大方、文静。

3. 老年人

老年人适合较短而整齐的固定发型，要体现其庄重、整洁、简朴、大方。

（五）发型与职业的配合

不同的职业对发型的要求不同，发型设计需根据职业需要，做出适合的发型。

（1）运动员、学生：可选择轻松、活泼的短发型。

（2）教师、职业女性：适合简洁大方、端庄舒雅的发型。

（3）职业男性：不宜长发披肩或梳起发辫，最好不要剃光头。

（4）戴帽子的职业人员：发型不要做得太复杂，应尽量剪成短发或是长发扎辫子。

（六）发型与服饰的配合

发型与服饰搭配合适，能使人感到一种整体美。

（1）运动装：可将头发束起，给人以活泼、潇洒的感觉。

（2）礼服：可将头发挽成低发髻，显得端庄、高雅。

（3）西装：无论直发还是烫发，都要梳理得端庄、艳丽、大方，不要过于蓬松。

（4）宽松丝绸服：可将头发盘起，用一根同色的或能与服装颜色协调的丝巾将头发包裹住，会显得有异国情调且富有神秘色彩。

三、老年服务人员发型要求

老年服务人员的发型除要遵循基本的美发规则外，还要体现老年服务人员的职业特点。在上岗前将发型进行整理，既体现出自身的文化修养、审美情趣及知识涵养，又创造了一个友善、亲切、积极向上的人文环境，也塑造了老年服务人员的良好形象。

老年服务人员的发型要求整洁、简练、明快、方便、自然，既方便进行各种操作，又体现庄重、严谨的工作作风与朴实高雅的职业精神。在进行一些特殊操作时，可佩戴帽子。

第二节 化 妆

一、皮肤护理

皮肤在人体最外层，需要我们细心地呵护，保证皮肤健康。暴露在外的脸部、颈部、手部等皮肤，会直接影响人的形象，因此做好日常护理非常重要。

（一）皮肤的结构与功能

皮肤指身体表面包在肌肉外面的组织，是人体最大的器官，主要承担着保护身体、排汗、感知冷热和压力的功能。皮肤覆盖全身，它使体内各种组织和器官免受物理性、机械性、化学性的损伤和病原微生物的侵袭。皮肤由表皮、真皮和皮下组织构成，并含有附属器官（汗腺、皮脂腺、指甲、趾甲）以及血管、淋巴管、神经和肌肉等（图2-7）。

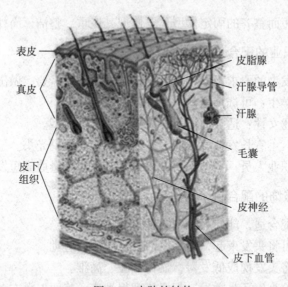

图 2-7　皮肤的结构

图片来源：http://img.jiaodong.net/pic/0/11/25/13/11251344_996118.jpg.

（二）皮肤的基础护理

皮肤的护理步骤没有统一的标准，要根据自己的皮肤状况灵活选择。通常情况下，皮肤的基础护理步骤是：清洁→调整皮肤纹理→爽肤→均衡滋润→保护皮肤。

1. 清洁

清洁是皮肤保养最重要的基础，通常先卸妆再洁面。每天早晚各清洁皮肤一次，可以温和并彻底地清除脸上的化妆品、油脂及污垢。

皮肤清洁包括卸妆和洗面奶清洗两个步骤。

（1）卸妆是清洁皮肤的一个重要环节。首先挤适量的卸妆产品于手心，将卸妆产品轻轻地擦在颈部、面部；然后使用化妆棉，将颈部和面部清洁干净。要特别注意眼部和唇部，它们是脸部皮肤最娇嫩的地方，在卸妆时，需使用专门的眼部卸妆液和唇部卸妆液。

（2）在使用洗面奶清洗时，应选用适合自己肤质的洗面奶。首先挤五分硬币大小的洗面奶于手心，在手心充分打起泡沫后涂在脸上轻轻按摩，用指腹顺着两颊和额头，按由下到上、由内向外的顺序按摩，避开眼周。然后用清水（最好是温水）冲洗，最后用滋润的美容纸巾擦拭干净。

2. 调整皮肤纹理

随着年龄的增加，皮肤的新陈代谢逐渐减缓，角质层的正常脱落也会减缓，角质层会渐渐堆积变厚，使肌肤失去通透感，变得粗糙晦暗，同时影响到护肤品营养的吸收。做面膜可以使肌肤恢复通透柔嫩，一个星期做两次的面膜，可以帮助皮肤剥除表面干燥细胞，使皮肤光滑，促进营养吸收，使肌肤变得光彩、清新。做面膜的具体方法如下。

（1）将面膜平整地敷在洁净的脸部，避开眼周和唇部。

（2）静待10分钟，在这个过程中不要说话，不要挤压皮肤。

（3）10分钟后，先用水湿润面膜，用手轻轻打圈按摩去除堆积死皮，然后用清水清洗，用湿润的美容纸巾把面膜擦拭干净。

（4）如果是敏感肌肤，面膜敷8分钟，清洗时不要按摩，配合湿润的美容纸巾将面膜擦拭干净。

3. 爽肤

爽肤有助于保持皮肤健康。

爽肤的作用是再次清洁肌肤，软化角质，平衡pH值，帮助收缩毛孔，增加肌肤的柔软感，有的还可以帮助收缩毛孔。爽肤通常使用爽肤水，用爽肤水充分沾湿化妆棉，避开眼部、口唇，以向上、向外的手势轻轻擦拭脸部及颈部，T区（额头和鼻子）可重复擦拭，直到化妆棉上没有残留的化妆品及污垢。

4. 均衡滋润

均衡滋润包括脸部和眼部的滋润，使用乳液或面霜能给肌肤补充必需的水分和养分，充分滋润肌肤，保持肌肤的柔软光滑。通常的滋润方法是：取适量的乳液或面霜于掌心，左右手合十将面霜均匀地分开于两掌心中。由两颊开始，先按压在两颊颧骨处，再按下巴和额头，轻轻地将乳液或面霜按压进肌肤。

使用乳液或面霜时，应注意以下方面。

（1）选择的乳液或面霜要适合自己的肤质，这样才能达到理想的保湿效果。理想的保湿效果，是指用手背轻触皮肤时，能感觉到肌肤是湿润的。

（2）眼霜要在涂面霜之前使用，涂抹眼霜时须用无名指指腹轻柔按摩直至眼霜完全被吸收。

5. 保护皮肤

选择适合自己皮肤的隔离霜，可以保护皮肤，避免环境中不利因素对皮肤造成刺激，可以防晒、隔离紫外线，抗辐射，均匀肤色和遮盖小瑕疵。

隔离霜的用法是：取适量隔离霜于两颊、额头、下巴，用中指和无名指两个指腹或选择合适的粉扑，从脸颊处向下拉伸，扩展到额头中央，再向两边拉伸，随后轻轻拍打直至完全吸收。

（三）皮肤的分类及护理

根据皮肤皮脂分泌的多少，皮肤可分为干性肤质、中性肤质、油性肤质、混合性肤质和敏感性肤质五种类型。

1. 干性肤质

（1）特征：洁面后12小时内不出现面油。皮肤细腻，容易干燥缺水。在季节变换时皮肤会感到紧绷，易干燥、脱皮。皮肤容易出现皱纹，尤以眼部及口部四周更明显。干性肤质易脱皮，易生红斑及斑点，易被晒伤，不易过敏。

（2）护理重点：以补充水分和营养为主，防止肌肤干燥缺水、脱皮或皲裂，延缓衰老。应选用性质温和的洁面品，滋润型的营养水、乳液、面膜等保养品，以使肌肤湿润不紧绷。每天坚持做面部按摩，改善血液循环。注意饮食营养的平衡（脂肪可稍多一些），若室内比较干燥，可使用加湿器，避免风吹或过度日晒。

2. 中性肤质

（1）特征：洁面后6～8小时后出现面油。皮肤细腻有弹性，不干燥也不油腻。天气转冷时皮肤可能会偏干，天热时可能出现少许油光。如果保养适当，不易产生皱纹，并且很少有痘痘及阻塞的毛孔。中性肤质对阳光照射的耐受性较强，不易过敏。

（2）护理重点：此类皮肤日常护理以保湿养护为主。中性肤质很容易因缺水、缺营养而转为干性肤质，所以应该使用锁水保湿效果好的护肤品。

3. 油性肤质

（1）特征：洁面1小时后开始出现面油。皮肤较粗糙，容易出油。夏季时油光严重，天气转冷时皮肤容易缺水。油性肤质不易产生皱纹，皮质厚易产生暗疮、青春痘、粉刺等问题，不易过敏。

（2）护理重点：以清洁、控油、补水为主。要防止毛孔堵塞，平衡油脂分泌，避免出现外油内干的情况。应选用具有控油作用的洁面用品、护肤品，定期进行深层清洁。饮食方面应减少食油腻食物的摄入，多吃蔬菜、水果和富含维生素B的食物，并养成规律的生活习惯。

4. 混合性肤质

（1）特征：洁面后2～4小时T型部位出现面油，其余部位正常。面孔中部、额头、鼻梁、下颌起油光，其余部位正常或偏干燥，不易受季节变换影响。这种肤质在T型部位易生粉刺，比较耐晒，缺水时易过敏。

（2）护理重点：以控制T型部位分泌过多的油脂为主，收缩毛孔，并滋润干燥部位。可选用性质较温和的洁面用品，定期深层清洁T型部位，使用收缩水帮助收细毛孔。选用清爽配方的润肤露（霜）、面膜等进行日常保养，注意保持肌肤水分平衡。要特别注意干燥部位的保养，例如眼角等部位要加强养护，防止出现细纹。

5. 敏感性肤质

（1）特征：皮肤较薄，脆弱，缺乏弹性。容易出现面部红丝，换季或遇冷热时皮肤发红，出现小丘疹；容易过敏、晒伤。

（2）护理重点：按摩面部肌肤时不宜过于用力，以免产生红丝。尽量选用不含香精、配方清爽柔和的护肤品，注意避免日晒、风沙、骤冷骤热等外界刺激。选用护肤品时，先在耳朵后、手腕内侧等地方试用，确定没有过敏现象后再使用。一旦发现过敏症状，应立即停用所有的护肤品，情况严重者应到医院寻求专业帮助。

二、化妆的目的、特点及原则

化妆是一种修饰仪容的高级方法，是指运用化妆品和工具，采取合乎规则的步骤和技巧，对人的面部、五官及其他部位进行描画、渲染、整理，增强立体印象、调整颜色、掩饰缺陷、表现神采，从而达到美容的目的。恰当的妆容既是自尊的表现，也是对交往对象的重视。

（一）化妆的目的

1. 保护皮肤

粉底会在皮肤表面形成一层保护膜，起到保护皮肤的作用。底妆产品还有隔离和防晒的作用。

2. 美化容貌

通过化妆可以遮盖或修补容貌的缺陷，美化肤色，可以使人神采奕奕，将女性独具的魅力体现得更加充分。

3. 体现品位

化妆能体现人的礼貌与涵养，既是对他人的尊敬，也使自己得到别人的尊重。

4. 丰富生活

化妆可以使人的生活变得多姿多彩，同时也能让自己感到舒心惬意。在公共场合，化妆可促进感情交流，增进友谊，是增进与他人之间情感的催化剂。

（二）化妆的特点

1. 因人而异

俗话说"千人千面"，每个人都有各自的特点。化妆时要客观地分析自己的五官特点，根据自己的面部结构、皮肤颜色、皮肤性质、年龄、服饰、职业等，选择最合适的妆容，表现出自己的个性美。

2. 因地而异

在不同的场合和环境，化妆的特点是不同的。生活妆要清淡，能给人以友好、热情、开朗、健康的好印象。参加公关活动、洽商公务、出差公干、走亲访友、赴约聚会、度假旅游，化妆均应优雅。优雅的淡妆与得体的着装、成熟的风韵、良好的文化修养交相辉映，烘托出现代知识女性的气质。宴会、舞会大都安排在晚间，隆重热烈，可浓妆艳抹，运用化妆技术，使容貌明艳亮丽、光彩照人。

3. 因时而异

每个时代的精神面貌和社会风尚不同，化妆形式也会随之不同。社会的风尚对化妆的影响很大。

（三）化妆的原则

1. 自然

化妆要自然，不留痕迹。既要求美化、生动，更要求自然、真实。化妆的最高境界是"妆成有却无""自然而然"，好似天然生成的美丽。

2. 美观

化妆时要充分发挥面容优点，突出最美的部分，使其显得更加美丽动人，并巧妙地修饰或掩盖不足的部分。

3. 协调

化妆要注意整体效果统一协调，包括妆面、职业、服装、身份、场合等，表现出不俗的品位和气质。

4. 得体

化妆要讲究场合。例如，工作妆要求清新淡雅，社交妆可以稍浓，晚宴、演出等特殊场合可以着浓妆。

三、老年服务人员化妆的技巧

老年服务人员化淡妆去工作，既能使自身充满活力、容光焕发，又可以让老年人从心底里感到非常舒畅，树立战胜疾病、回归社会的信心和力量。从老年服务人员礼仪的角度讲，工作时化淡妆，既能维护自我形象，表达对老年人的尊重，又能体现出对工作的认真及敬业精神。

化妆基本流程是：束发→修眉→面部清洁→护肤→上粉底→定妆→画眉→眼部化妆→画唇→晕染腮红→修整妆面→整理发型。

（一）修眉

老年服务人员要根据自身气质、脸型及时代流行选择适合自身的眉形。利用修眉工具顺着眉毛生长方向将多余的眉毛修除，使眉形线条整齐、清晰、流畅，为画眉打基础。标准的眉毛分为眉头、眉峰、眉尾。眉与眼的距离大约有一眼之隔，眉头在鼻翼或内眼角的垂直延长线上，眉峰在眼球正视前方时外缘向上的垂直延长线上，眉尾在鼻翼与外眼角的连线与眉相交处，眉头和眉尾基本保持在同一水平线上（图2-8）。

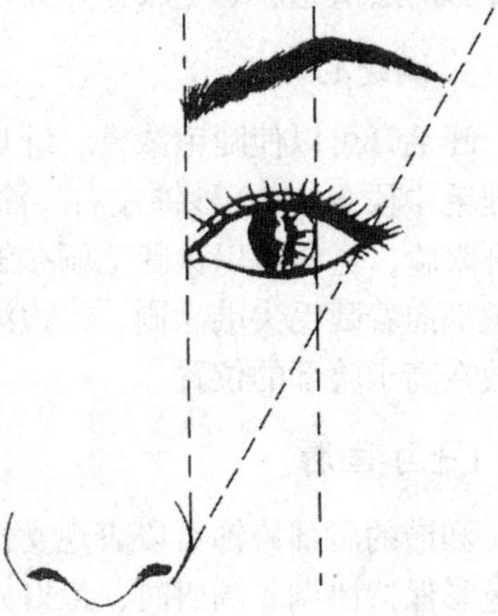

图2-8 标准眉的位置

（二）洁面、护肤

在根据皮肤的类型进行面部清洁和护肤后，涂上合适自己的妆前乳，可令妆容更服帖。

（三）粉底

粉底的类型很多，包括粉底液、粉条和遮瑕膏等，粉底可以调整肤色，改善面部质感，遮盖瑕疵，体现质感。化妆时通常选用与自己肤色接近的粉底，用点、按、压、揉的手法，均匀地涂在面部和颈部。

（四）定妆

化妆通常会使用定妆粉进行定妆，在化妆时如果仅仅使用粉底，时间一长妆容就会随着油脂分泌滑落，面部妆容就会出现斑痕。定妆粉中精细的滑石粉可以吸收油脂，让妆容维持较长时间。

（五）画眉

一个人眉毛的浓淡与形状，对其容貌起着重要的烘托作用。眉毛化妆的关键是要选好眉头、眉峰和眉尾。一般描眉的方向是由眉头到眉梢，要做到两头淡、中间浓，最后用眉刷轻刷双眉，使眉毛显得自然。

（六）眼部化妆

眼部是面部表情最为丰富的地方。化妆时可以使用眼线、眼影、睫毛膏等化妆品来增加眼部立体感，使眼睛显得美丽而有精神。

1. 画眼线

眼线应紧贴着眼睫毛根部画，画上眼线时，应从内眼角向外眼角方向画，眼尾拉长眼线，画到眼角处的时候要轻微地向上扬起一点；而下眼线应从外眼角向内眼角画，并在距内眼角约1/3处收笔，内眼角不画，重点晕染眼尾。这样会使双眼显得大而充满活力。

2. 涂眼影

眼影意在强化面部立体感。用眼影棒或眼影刷蘸适量眼影，沿着睫毛边缘，于眼尾向眼内角方向 1/4 处涂抹，注意靠近外眼角要涂得浓些，到眉端要逐渐涂得淡些，显现出眼影的层次感。老年服务人员可选择咖啡色或者粉色眼影。

3. 刷睫毛

睫毛膏可以使睫毛浓密、纤长，加强眼部印象。在刷睫毛膏前用睫毛夹在睫毛根部及睫毛中段各夹 10 秒钟左右。涂刷睫毛膏时，可以在下方放置一面镜子，用手指轻轻展开眼睑，这样可以让睫毛刷接触到睫毛根部。先用睫毛刷左右移动着涂刷，然后从睫毛根部向着睫毛尖端涂刷，一边涂睫毛膏一边使睫毛向上弯卷。涂刷下睫毛时，可将镜子放在高于脸部的位置。

（七）画唇

和谐的唇部修饰可以表现女性独特的魅力。唇彩或口红色彩的选择应与服装和眼影的色彩保持协调。画唇时，最好先擦护唇膏来打底，然后用唇线笔勾勒出唇形，最后涂上唇彩或口红。老年服务人员一般涂浅色唇彩或口红。

（八）晕染腮红

腮红可以呈现健康红润气色，也可使脸形更立体。在晕染腮红时，应按照脸形的轮廓，从颧骨和颧骨下方向外上方向晕染，同时应注意选择与自己肤色相匹配的腮红颜色。

（九）检查修补

化好妆后，要检查左右面部妆容是否对称、过渡是否自然、整体与局部是否协调，从而使化妆效果更加完美。

四、化妆的禁忌

（一）勿当众化妆

应事先化好妆或在专用的化妆间进行化妆。在公共场合当众化妆既影响别人，也不尊重自己。如果有必要补妆，应在化妆间或休息室等无人场所进行。工作妆应在上班之前完成，老年服务人员不能在老年人面前化妆，否则会给人留下不安心工作，没有把重心放在老年人身上的印象。

（二）勿化浓妆

在社交场合不要使用过于浓重的妆容，因为过浓的妆会香气四溢，令人感到窒息，给他人不好的影响。老年服务人员如果化浓妆工作，将有损于职业形象和个人形象。

（三）勿使妆面残缺

工作中要及时检查妆容，若妆面出现残缺，应及时避人补妆，切莫长时间让残妆展示于人，否则会让别人觉得自己懒散。

（四）勿评论他人妆容

化妆是一种私人行为，由于民族、肤色和个人文化素质的差异，每个人都有不同的化妆习惯和风格,切莫自以为是地评价或非议别人的化妆技巧。对他人的化妆要领及使用的化妆品价格、品牌,也不要随意询问。

(五)勿借他人化妆品

借用他人的化妆品既不卫生,也不礼貌,容易造成交叉感染,应避免。

(六)勿让化妆品在面部过夜

所有化妆品对皮肤都有一定程度的损害,因此应避免让化妆品留在面部过夜。化妆者睡前应使用卸妆产品、洁面乳彻底清洁面部,并用温水冲洗干净,最后涂少许晚霜以保护面部皮肤。

第三节 服饰礼仪

服饰是人们所穿的衣服、饰物及携带品的总称。俗话说:"人靠衣装,佛靠金装。"服饰是一种无声的语言,它既能反映出一个人的气质、性格、教养、社会地位、文化品位、审美情趣,又能反映出一个人的生活态度和价值取向。大方、得体的服饰能增加人的仪表美、气质美,有强化美感、掩饰瑕疵的作用。

作为老年服务人员,无论是工作时间,还是非工作时间,着装、配饰都影响着自身的形象。合适的着装有助于与老年人建立良好的关系,并赢得他们的信任。因此,学习服饰礼仪知识非常重要,使自己的着装合乎礼仪规范,给他人留下美的印象,展现出老年服务人员良好的职业形象。

一、生活着装的基本原则

着装既是一门技巧,更是一门艺术。每个人都应根据自身的年龄、职业、气质、体型等选择适合自己的服饰。选择服饰时应遵循着装的基本原则。

(一)适体性原则

1. 与年龄相适应

爱美之心人皆有之,每个人都有装扮自己的权利。不同年龄阶段的人有不同的着装要求。

(1)青少年:"青春自有三分俏",青少年着装应体现青春气息,以朴素、整洁为宜,清新、活泼最好。

(2)中年人:中年人要表现其成熟、干练的性格特征。

(3)老年人:老年人可选择亮度稍暗的砖红色、驼色、海蓝色等颜色,以显雅致、雍容和稳重的气质。

2. 与肤色相适应

人的肤色会随着所穿衣服的色彩发生微妙或明显的变化。因此,在选择服装时应注意服装的色彩，使肤色与服装的色彩相协调，从而起到相得益彰的效果。

（1）肤色白皙者：所谓"一白遮百丑"，肤色白皙的人一般对服装的选择面较宽，对色彩的明暗度、深浅无过多限制。

（2）肤色偏黑者：尽量避免穿纯黑色或深紫色、深褐色的上衣，建议选择颜色较浅和明亮度较高的服装。例如，奶白、浅黄、淡粉等色彩明亮的服装，可以强化肌肤的健美感。

（3）肤色偏黄者：应穿蓝色或浅蓝色上装，这样可以将偏黄的肤色衬托得洁白，避免黄色、土黄色、紫色、朱红色服装。

在选择服装时，如果无法确定自己的肤色与何种色彩相适宜，可询问他人意见或借助色彩顾问帮助判断，通过多次尝试后，确定自己最适合的服装色彩。

3. 与体形相适应

树无同形，人各有异。人的体形千差万别，难以十全十美，由于个体差异和缺陷的存在，在着装时要特别注意服装色彩、线条、款式与体形的搭配，这样才能避短扬长、隐丑显美，以更好的形象参与各种社交礼仪活动。下面针对几种体形介绍一些着装的基本方法。

（1）身材偏高：胖瘦适中者，着装主要考虑服装与肤色、气质、身份、场合等因素的协调；身材高大且消瘦者，应选择线条流畅的服装，不宜选择竖条纹的面料，避免穿窄小、紧身的服和暗色衣服等；身材高大且偏胖者，衣服的面料不要太挺阔，女性宜穿长裙。

（2）身材偏矮：应用垂直线条面料的服饰增加视觉上的高度，避免使用水平线条面料、宽边和方正的肩线服装。矮胖者，宜穿深色低"V"字领服装，并从鞋到裤（裙）均选同一颜色，避免使用对比色的腰带和衣裤（裙）从视觉上分割身高。

（3）身材偏瘦：矮瘦者可选择质地较粗硬的大格、大花面料和多层次的制作工艺处理的服装，在颈线、腰线等处加水平线，以增加视觉高度，并选择较浅的颜色使视觉身影增宽。不宜用质地过薄的面料，以免显得呆板没有韵味。双肩过细的人，不宜穿半袖或无袖上衣，同时避免穿易使锁骨暴露的衣领宽大上衣。

（4）身材偏胖：应采用色彩强度较低、较深暗的服装，也可选用深色、有规格小花纹图案的服装，配以小面积白色或浅色装饰，利用深浅色一缩一张的视觉差对比，达到掩饰体形肥胖的效果。女性如果脸型适合，可将头发拢上盘起，配上长型耳坠，也可使人显得修长。应尽量选单色、亮度适中的调和色，以免使人感到更加粗短。

4. 与职业、场合相协调

着装要与职业、场合相宜，这是不可忽视的原则。在正式社交场合，着装宜庄重大方，不宜过于浮华。参加晚会或喜庆场合，服饰则可明亮、艳丽些。节假日休闲时间着装应随意、轻便些。在家庭生活中，着休闲装、便装更益于与家人之间沟通感情，营造轻松、愉悦、温馨的氛围。

（二）TPO原则

1963年日本男用时装协会提出了TPO原则，该原则比较准确地概括了着装与环境的关系，因而很快在世界流行并被国际认可。其中，"T"即 Time（时间），"P"即 Place（地点、场景），"O"即 Object（目的）。它的总体意思就是指一个人的着装打扮要符合自己所处的时间、地点和目的，才能获得和谐、统一、得体的穿着效果，合乎礼仪规范，为人际交往奠定基础。

1. 与"时间"协调

时间是较为宽泛的概念，其泛指时代、季节、时令，既涵盖了一天的早、中、晚三个时段，也包括每年春、夏、秋、冬四个季节的更迭，还能代表历史发展的不同阶段和时期。着装要符合时间的变化，应考虑三个时间层面。

（1）具有时代特征：服装是某一历史阶段内社会文化的一部分，可以体现某一时代的文化特征。因此，着装应顺应时代发展的主流和节奏。即使是同一个时代，服饰潮流也在不断发生变化，因此着装既不可太超前，也不能太滞后，应了解服饰发展的趋势，使自身的服饰具有新时代的气息，并符合公众审美需要，以增加社会交往的亲和力。

（2）合乎季节时令：一年四季是大自然变化的规律。着装应随四季的更迭而发生变化，顺应自然规律才能体现出服装与自然环境的和谐美，不能冬穿夏衣和夏穿冬衣。夏天的服饰应以透气、吸汗、简洁、凉爽为原则；冬季宜选择保暖、御寒、大方的服饰。避免因穿着过于单薄而被冻得瑟瑟发抖、颜面青紫，否则既不利于健康，又有碍自身的形象。

（3）符合时间变化：每天早、中、晚的着装应有所变化。早间，喜欢活动的人们可以穿运动装进行户外运动，居家者穿家居服更显舒适、随意；日间是工作、学习时间，应选择合身而庄重的职业装、学生装；晚间是休息、会友的时间，休息时宜穿宽松、舒适的家居服，如果会友则应根据场合选择西装、礼服、套裙，以表示对他人的敬重和对自身的认可。

2. 与"场景"协调

场景指着装者将要出现的空间环境。着装者要对即将到达的目的地、场合有一定了解，然后选择符合自己身份的服装和相配的饰品，尽量做到与地点、环境、场合相协调。

（1）与地点相适应：不同的国家、地区因所在地理位置、自然条件、开放程度、人文特点的不同，着装也不同。一个国家的少数民族、中西方国家居民、经济发达和相对落后地区的国民对于着装的风俗和习惯都存在明显的差异。例如，藏历新年时，藏族人民着藏族服装与汉族农历新年着装有明显差异。

（2）与环境相适应：在不同的环境中，如室内或室外、闹市或乡村、单位或家中，着装都应有所不同。一般在办公室、工作场合这样严肃的环境，着装应整齐、庄重和严谨；而游山玩水时着装则应以轻装为宜，力求宽松、舒适、方便。如果所选服装与所处环境不适应，就会显得极不协调。例如，穿泳装出现在海滨、浴场，是人们司空见惯的，但如果是穿着它去上班、逛街，则会令人哗然。

（3）与场合相适应：不同的场合也应考虑不同的着装，衣着要与场合相协调。例如，参加婚庆要华美艳丽，参加葬礼则务必保守素雅，居家可随便宽松，上班则需端正干练，外出旅游应方便舒适，商务谈判需庄重整洁。

3. 与"目的"协调

着装的风格往往能体现一个人的意愿，即对自身服饰能给他人留下印象的预期结果。自尊，还是敬人；颓废，还是消沉；放肆，还是嚣张，均可由此得知。例如，一个人身着款式庄重合体的服装前去应聘新职、洽谈生意，说明他郑重其事，渴望成功。而在这些场合如果衣着随便、不修边幅，则表示自视甚高，对应聘不重视，不把交往成功与否当作自己的最终目标。

（三）整体性原则

正确的着装应统筹考虑和精心搭配，其各个部分不仅要"自成一体"，而且要相互呼应、配合，在整体上尽可能地显得完美、和谐。例如，服装的色彩应与肤色、妆容、佩饰等相适宜。

（四）个性原则

每个人都有自己的内在气质，服装同样要体现个性特征。因此，穿衣时要穿出个性。正如世间每一片树叶都不会完全相同一样，每个人都有个性。在着装时，既要遵循共同的原则，也不要磨灭个性。要在人际交往中给人留下深刻美好的印象，取得好的效果，就应该突显个性。个性的原则有两层含义：一是根据自己的特点做到"量体裁衣，扬长避短"；二是创造自己独特的风格，兼顾大众审美要求，做到某些方面与众不同。

（五）适度性原则

着装时，在色彩、款式、装饰上，都应把握分寸，自然适度，尽量做到"虽为人做，宛自天成"的效果。

1. 适度的色彩

色彩的搭配应和谐统一，使人在视觉上产生舒适感。切忌在工作场合穿着颜色过于鲜艳或暴露的服装。一般服饰的颜色搭配不应超过三种颜色，尤其是三种过于鲜艳或明亮的颜色。

2. 适当的款式

应根据社交目的、场合及环境，选择与之相适应的款式。在着装的选择上，应考虑着适合自己年龄、身份、地位的服装，取得与周围环境氛围的和谐，并能展现个性。

3. 适度的装饰

装饰要恰如其分，该简不繁，该繁不简，使被修饰的人以自然美的姿态出现。切不可盲目崇拜、模仿，追求那种不适合自己的装饰，东施效颦，这样不仅不会产生美感，还会弄巧成拙，丧失了自然美的魅力，给人留下庸俗做作的印象。

（六）技巧性原则

不同的服装，有不同的搭配方式和约定俗成的穿着方法。它们形成了着装的技巧。

利用着装技巧扬长避短，是必须掌握的着装艺术。例如，穿单排扣西装上衣时，两粒纽扣的要系上面一粒，三粒纽扣的要系中间一粒或是上面两粒。女士穿裙子时，所穿丝袜的袜口应被裙子下摆所遮掩，而不宜露于裙摆之外。这些，都属于着装的技巧。着装的技巧性，主要是要求在着装时要依照其成法而行，要学会穿法，遵守穿法。

二、工作着装的要求

老年服务人员的形象对老年人的身心会产生直接或间接的影响，进而影响到服务的效果和质量。良好的服饰礼仪可以给老年人带来一种美的视觉及心理舒适感和对治疗护理的心理安全感，也是尊重老年人的需要。老年服务人员的着装，除了应遵守着装的基本规则外，还应体现老年服务人员工作的职业特点。

（一）老年服务人员着装的基本原则

1. 在工作岗位上着工作服

老年服务人员的职业服饰不仅代表着个人的形象，更是代表了养老机构的形象，乃至国家的形象。因此，老年服务人员在工作时，应着统一的老年服务人员工作服。

2. 佩戴工作牌

工作牌是自己身份的象征，可用于约束自己，也便于服务对象的辨认、问询及监督。工作牌应端正地佩戴在左胸上方，不能反戴或放于衣兜内，并注意保持清洁干净。

3. 服装整齐清洁

服装的面料应挺括、透气、不缩水、不透明，便于清洗消毒。款式应整洁、庄重、大方、适体，方便工作。

（二）工作中着装的具体要求

老年服务人员的形象好坏直接影响着服务效果。从事护理岗位的老年服务人员应穿工作服、工作鞋等，既要遵守上述的着装原则，还要体现照护人员职业特有的艺术美。

1. 发卡及头饰

老年服务人员一般不戴头饰，因盘头需要，可适当地选择素雅简洁的头饰，过于艳丽、花哨的头饰不适合在上班时使用。

2. 口罩

佩戴口罩时要根据脸形大小及工作岗位选择合适的口罩。口罩必须戴正，要将口鼻完全盖住，四周无空隙，位置高低适宜，既不可太高影响视线，又不可太低露出鼻孔（图2-9）。口罩摘下时，应将戴在口鼻内侧的一面向里折好，放入干净的口袋中，而不宜将口罩挂于胸前。一次性口罩使用后需及时处理，纱布制口罩应每天清洗消毒。

3. 工作服

工作服要清洁、平整，无污渍、血渍，衣扣要全部扣好、扣齐，缺损时不可用胶布或别针等物替代，而应及时钉好。衣兜内不要塞得鼓鼓囊囊。为了操作方便，一般选用分体工作服（图2-10）。

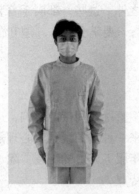 

图2-9　口罩的佩戴　　　　图2-10　工作服

4. 挂表

从事护理岗位的人员，挂表可以用于辅助生命体征的测量、确定药物的使用时间、输液滴数的计数等，是工作中不可缺少的饰物。挂表一般是佩戴在胸前，表上配有短链，用胸针别好。由于挂表表盘是倒置的，低头或用手托起表体即可查看、计时，这样既卫生又便于工作，也可对工作服起到装饰作用，体现特有的形象（图2-11）。

图2-11　挂表

5. 工作鞋袜

要根据不同季节选择不同的袜子。夏季，穿着长裤套装时可选择肉色短袜。在北方冬季，可选择肉色或浅色棉袜，忌选用反差大的黑色或其他深色的袜子。应注意不穿有破口、已漏丝的袜子，不可赤脚穿鞋。

工作鞋的样式应简洁大方，以平跟或小坡跟软底为宜，颜色以白色或乳白色为佳，要与整体工作服颜色相协调，要注意防滑、舒适。同时，还应考虑到季节性。例如，夏季可选择凉爽透气的工作鞋，冬季则应选择保暖轻便带绒的工作鞋。鞋子要做到定期清洁与保养。

6. 进出工作区域的着装

从事护理岗位者，进出工作区域的便装要特别注意，要以秀雅大方、清淡含蓄为主色调，体现出美丽端庄且稳重大方。在工作场所，不宜穿过分暴露及不雅观的时装，例如吊带装、露脐装、超短裙、迷你裤等；不宜穿带响声的硬底鞋、拖鞋进入工作区。男性护理工作人员不宜穿背心、短裤到工作区。夏天忌光脚穿鞋，男性护理工作人员也要着薄袜。

三、配饰礼仪

饰物是指人们着装时选用佩戴的装饰性物品，起到辅助、烘托、点缀、美化服装的作用。在社交场合，饰物尤为引人注目，已成为服装的一个重要组成部分。饰物的佩戴要讲究礼仪，不管是女士还是男士，禁忌胡乱佩戴，否则不仅不能提升自身的品位，还可能会产生负面影响，给别人留下不协调、邋遢的印象。

（一）饰物的种类

饰物按其用途可分为两类：一类是装饰性的首饰，包括戒指、项链、挂件、耳环、手链、胸针、头花、发卡等；另一类是有实用性的饰物，包括手袋、围巾、帽子、眼镜、鞋子、袜子等。日常生活中的饰物主要是指首饰。

（二）使用饰物的基本原则

佩戴饰物必须符合一定的礼仪规范，才能达到展示高雅的效果。在选择使用过程中，应当遵循以下原则。

1. 数量宜少

在戴饰物上以少为佳。若确有必要，总量不宜超过三件。佩戴过多的首饰往往会失去修饰的亮点，给人炫富庸俗的印象。

2. 质地相同

同时佩戴几种饰物时，其质地应该相同。高档饰物，尤其是珠宝首饰，多适用于隆重的社交场合，而不适合在工作或休息时佩戴。

3. 同色最好

当佩戴两件或两件以上饰物时，首饰的色彩应当搭配协调。当佩戴镶嵌宝石的饰物时，宝石和其他饰物也要颜色相配。切忌将珠宝挂满全身，走路时金光闪闪，给人留下庸俗的印象。

4. 符合身份

佩戴饰物时不能只追求个人爱好，还要兼顾自己的年龄、职业和工作环境等。不要误认为佩戴的饰物越贵重，人就越显高贵，盲目佩戴饰物只会降低自己的层次和品位。

5. 适宜原则

根据自己体型和脸型的特点正确佩戴饰物，可以起到扬长避短的作用。佩戴饰物要与服饰相匹配，同时要根据四季变化来确定饰物的不同色泽和分量。夏季衣着少，饰物要细小简洁；秋季衣着宽松，饰物可偏大些。

6. 遵守习俗

不同的国家和地区，饰物佩戴有不同的方法和不同的情感表达。因此在不同的国家和地区，或接待不同国家和地区的客人时佩戴饰物要尊重各种不同的文化习俗。

佩戴饰物时，除必须遵守以上原则外，还需注意不同品种的饰物，往往还有许多不同要求。例如，戴戒指时，通常戴于左手，一般只戴一枚，戴于各手指上所表达的寓意各不相同；戴耳饰时，不宜在一只耳朵上同时戴多只耳环，一般女性成对使用；在某些地区的文化中，男子戴耳环时，习惯只在左耳戴一只，若戴在右耳，会被视为同性恋者。在佩戴各种饰物前，应多做了解，只有恰当地选择、搭配和使用，才能使饰物发挥美化和装饰的功能。

（三）老年服务人员饰物佩戴的要求

在工作岗位上，老年服务人员佩戴饰物时应以少为佳，可以不戴任何首饰。这点对于男士来讲，尤其重要。

1. 耳饰

老年服务人员工作时不应戴耳环、耳链、耳坠等。耳钉因较耳环更为小巧含蓄，一般情况下，允许女性老年服务人员佩戴耳钉。

2. 项链和挂件

在工作场合一般不宜佩戴项链和挂件，即便佩戴，也只能将其戴在工作服以内，而不宜显露在外。

3. 表

在工作场合一般在左侧胸前佩戴胸表。

4. 戒指

老年服务人员在工作时不应戴戒指。若工作时佩戴戒指，既会影响对老年人的照护工作，又容易存留细菌，增加污染机会，同时也不利于对戒指的保护。

5. 手链、手镯、脚链等

作为老年服务人员，工作时不宜佩戴手链、手镯、脚链等夸张的饰物。在为老年人进行照护过程中，美丽适宜的服饰能展现老年服务人员的外在美，精湛的技术和良好的服务能体现其内在美，外在美与内在美相互结合，可以使老年人身心舒适，利于身体康复。

第四节 表情礼仪

表情是指表现在面部或姿态上表露的思想感情，是在神经系统的控制下，面部肌肉及其各种器官所进行的运动、变化，以及面部在外观上所显现的某种特定的形态。人们可以通过口、眉、鼻及面部表情肌肉的不同形式，表示其瞬间变化的内心世界，每一个细微变化都可能向外界传递出某种信息。因此，表情是人与人之间相互交流的重要形式之一。

老年服务人员的面部表情应体现亲切、和蔼、稳重要给老年人安全信赖感，让老年人感受到情感的美好，从而促进老年人身心健康。目光和笑容是构成表情的重要组成部分。

一、目光

目光是面部表情的核心，能够最完整、最直接、最丰富、最深刻地表现人的精神状态和内心活动。在各种礼仪中，目光运用适当与否，直接影响人与人之间的沟通效果。

老年服务人员与老年人进行交流时，目光的交流是十分重要的。在交流过程中，老年服务人员都应和老年人有恰当的目光交流，要学会用目光表达自己的理解和爱心，还要适当地观察老年人的目光变化。

（一）注视的时间

在交流过程中，注视对方时间的长短十分重要。不同的注视时长所传达的信息也不同。

1. 表示重视

在请教问题、听报告时，人们常常把目光投向对方，而且注视对方的时间约占相处时间的 2/3，以表示重视。

2. 表示友好

如果要向对方表示友好，应经常注视对方。注视对方的时间约占全部相处时间的 1/3 左右。

3. 表示轻视

如果目光游离，注视对方的时间不到全部相处时间的 1/3，意味着不感兴趣或瞧不起对方。

4. 表示敌意或感兴趣

如果目光始终盯在对方身上，注意对方的时间在全部相处时间的 2/3 以上，被视为有敌意或感兴趣。

（二）注视的角度

注视别人时，目光的角度，即目光从眼睛里发出的方向，可表示与交往对象的亲疏远近。

1. 平视

平视是指视线呈水平状态，也叫正视，常用于在普通场合与身份、地位平等的人进行的交往。

2. 侧视

侧视是平视的一种特殊情况，即位于交往对象的一侧，面向并平视着对方。侧视的关键在于面向对方，如果是斜视对方，会被认为是失礼之举。

3. 俯视

俯视是指目光向下注视他人，一般用于长辈对晚辈的宽容、怜爱，也可对他人表示轻慢、歧视。老年服务人员因工作需要，应尽可能俯身与卧床老年人沟通交流。

4. 仰视

仰视是指目光向上注视他人，表示尊重、敬畏对方，适用于晚辈面对尊长之时。

（三）注视的部位

与他人相处时，不能一直盯住对方某个部位看，也不能在对方身上上下打量。不宜注视对方的头顶、大腿、脚部与手部，或是"目中无人"。对异性而言，通常不宜注视其肩部以下的部位，尤其是不应注视其胸部、裆部、腿部。要依据不同场合、不同对象选择具体的目光所及之处和注视区间。

1. 额头

注视对方额头，表示严肃、认真、公事公办，适用于非常正规的公务活动。这种注视方式叫作公务型注视。

2. 双眼

注视对方双眼，表示自己聚精会神，重视对方，但时间不要太久。这种注视方式也叫关注型注视。

3. 眼部至唇部

注视眼部至唇部的区域，表示尊重对方，是社交场合面对交往对象所用的常规方法。这种注视方式叫社交型注视。

4. 眼部至胸部

注视眼部至胸部的区域，表示亲近、友善，常用于关系亲切的男女之间。这种注视方式叫近亲密型注视。

5. 眼部至裆部

注视眼部至裆部的区域，表示亲近、友善，适用于注视相距较远的熟人，但不适用于关系普通的异性。这种注视方式称远亲密型注视。

6. 任意部位

对他人身上的某一部位随意一瞥，可表示注意，也可表示敌意，多用于在公共场合注视陌生人。这种注视方式也叫作瞥视。

在老年人照护工作中常常需要对老年人身体的某些部位进行特别注视，这属于工作要求，不受礼仪常规的约束。

（四）注视的方式

注视的方式有许多种，不同的注视方式表达的含义不同。

1. 直视

直视即直接注视交往对象，表示认真、尊重，适用于各种情况。若直视他人双眼，即称为对视。对视表明自己坦诚、大方，或是关注对方。

2. 凝视

凝视即全神贯注地进行注视，是直视的一种特殊情况。凝视多用于表示专注、恭敬。

3. 虚视

虚视是相对于凝视而言的一种直视，其特点是目光不聚焦于某处，眼神不集中。虚视多表示疑虑、胆怯、疲乏、走神，或是失意、无聊。

4. 盯视

盯视即目不转睛，长时间地凝视某人的某一部位。盯视表示出神或挑衅，故不宜多用。

5. 环视

环视即有节奏地注视不同的人员或事物。表示认真、重视。环视适用于同时与多人打交道，表示自己"一视同仁"。

6. 睨视

睨视即斜着眼睛注视，又叫睥视。睨视多表示怀疑、轻视，在与初识之人交往时应尽量避免使用。

7. 扫视

扫视即视线移来移去，注视时上下左右反复打量。扫视表示吃惊、好奇，在与人交往时不可多用，尤其是与异性交往时禁用。

8. 眯视

眯视即眯着眼睛注视。眯视表示看不清楚、惊奇，眯视时的模样不好看，故也不宜采用。

9. 他视

他视即与某人交往时不注视对方，反而望着别处。他视表示心虚、胆怯、反感、害羞、心不在焉，与人交往时不宜采用。

10. 无视

无视即在人际交往中闭上双眼不看对方，又叫闭视，表示疲惫、反感、生气、无聊或者不感兴趣。无视常被理解为厌烦、拒绝。

（五）目光、视线、眼神的变化

在人际交往中，目光、视线、眼神都是时刻变化的。这些变化往往反映出交往双方内心情绪的变化。

1. 眼皮的开合

人的内心情绪变化，会使其眼睛周围的肌肉进行运动，从而使其眼皮的开合也产生改变。眼皮眨动一般为每分钟5～8次，若过快表示活跃、思索；过慢表示轻蔑、厌恶，有时眨眼也表示调皮或不解。睁圆双眼表示疑惑、不满；瞪大双眼表示愤怒、惊愕。

2. 眼球的转动

眼球的转动可以传达很多信息，若眼球反复转动，表示在动心思、想主意。若眼球悄然挤动，则是向人暗示。

3. 瞳孔的变化

多数情况下，人的瞳孔不会发生明显变化。若瞳孔缩小，双目黯然无光，表示疲劳或受到刺激。若双目无神，表示厌恶、伤感、不感兴趣；若瞳孔突然变大，发出光芒，目光炯炯有神时，表示喜悦、惊奇、感兴趣。

4. 视线的交流

在人际交往中，与他人交流视线，常可表示不同的含义。例如，爱憎、补偿、威吓等。

作为一名老年服务人员，不仅要善于控制自己的情感，正确地使用目光交流，同时还应学会从老年人目光的变化中，分析其内心活动和意向。特别要注意老年人疑虑、忧伤、烦躁、恐惧、痛苦之情的表达方式，这对我们的照护工作影响很大。

二、笑容

笑容即人们在笑的时候所呈现的面部表情，它通常表现为脸上露出喜悦的表情，有时还常常伴以口中所发出的欢喜的声音。

在与老年人的交流中，老年服务人员的笑容能减轻老年人的疾苦，促进老年人的身心健康，消除彼此间的陌生感，打破交际障碍，使人们心灵相通、相近、相亲，产生融洽活跃的气氛。

立德树人

青春养老人

一大早，康爷爷就站在窗前哈哈大笑。年轻的养老护理员王名宇见状走上前去，用好奇的语气问道："康爷爷，您在看什么呀？我今天没戴眼镜。"康老先生见她也很感兴趣，得意地告诉她："你看树上有好多猴子，在给一只小狗开追悼会！"老人一边说，一边用手指着窗外并不存在的大树和猴子，绘声绘色地描述着特别丰富的细节。王名宇一脸认真地倾听着他的解说，还不时地点点头，附和着老人，"爷孙俩"笑得前仰后合。王名宇是北京普亲长辛店老年养护中心的一名养老护理员。从接触这个专业到成为专家,她用了近10年时间。她说:"既然选择了这一行,我就坚定了克服一切困难的决心。我爱这个行业,我也愿意在养老护理岗位上贡献自己的力量。"

资料来源:https://news.bjd.com.cn/2021/12/14/10017492.shtml。

(一)笑的种类

在日常生活中,笑的种类很多,常见的善意的笑容可以分为以下几种。

1. 含笑

含笑是程度最浅的笑。它不出声,不露齿,只是面带笑意,表示接受对方,待人友善,适用范围较为广泛。

2. 微笑

微笑即轻微地笑,程度较含笑深。它的特点是嘴角部位向上移动,略呈弧形,不露牙齿,眼神中有笑意。微笑是社交场合中最有吸引力、最有价值的面部表情,在人际交往中,它的适用范围最广。

工作中,老年服务人员应当保持微笑,为老年人创造轻松的氛围,消除双方的隔阂。从心理角度来看,老年服务人员的微笑可以感染和调节老年人的情绪,让老年人感到温馨、愉快,在一定程度上驱散老年人的烦恼,创造和谐的气氛。老年服务人员在工作中如果能从微笑开始,用微笑护理,以微笑结束,必然会获得老年人的好评,从而达到良好的照护效果。

知识链接

世界微笑日

世界微笑日(World Smile Day)是指每年10月的第一个星期五。世界微笑日的创始人是哈维·球。哈维·球是著名的笑脸表情的创作者,笑脸表情是他于1963年创作的。自1999年开始,每年10月的第一个星期五被定为世界微笑日,目的是向世界宣扬微笑友善的信息。

每个人都应该放缓脚步,静观周围美好的事物,倾听大自然的声音,让绷紧的脸庞放松,皱紧的眉宇舒展,让微笑在脸上绽放。这样,我们才能化解人们彼此之间的冷漠和敌意。希望通过微笑,能够促进人类的身心健康,同时在人与人之间传递快乐与友善,增进社会和谐。

3. 轻笑

轻笑是指嘴唇轻启,露出牙齿,眼神中笑意更深的笑容,不发出声响。轻笑表示欣喜、愉悦,多用于会见亲友、向熟人打招呼,或是遇上喜庆之事的时候。

4. 浅笑

浅笑是一种特殊的轻笑。与轻笑稍有不同的是,浅笑表现为笑时抿嘴,下唇大多被含于牙齿之中。浅笑多见于年轻女性表示害羞之时,俗称为抿嘴而笑。

5. 大笑

大笑是一种在笑的程度上较浅笑更深的笑。其特点是嘴巴大张，呈现为弧形；上下齿都暴露在外，并且张开；口中发出"哈哈哈"的笑声，但肢体、动作不多。大笑多见于欣逢开心时刻，尽情欢乐，或是高兴万分。

6. 狂笑

狂笑是一种在程度上最高、最深的笑。其特点是嘴巴张开，牙齿全部露出，上下齿分开，笑声连续不断，肢体动作很大，往往笑得前仰后合、手舞足蹈、泪水直流，上气不接下气，它出现于极度快乐、纵情大笑之时。

（二）笑的注意事项

笑的共性是面露喜悦之色，表情轻松愉快。但是，如果笑的方法不对，或许会显得非常假，甚至虚伪。

1. 发自内心

笑的时候要发自内心，自然大方，显示出亲切，才能感染对方，发挥情绪沟通的"桥梁作用"。老年服务人员的微笑不允许丝毫的"作秀"，只有真诚的微笑才会得到老年人及其家属的信任和敬重，才能建立和谐的照护关系。

2. 声情并茂

笑的时候应当做到表里如一。如果脸上微笑，却出言不逊，微笑就失去了意义；同样，如果语言礼貌，却面无表情，则更让人觉得虚伪。只有声情并茂的微笑，才能促进交往双方的感情。

3. 注意场合

微笑是一种极富魅力的非语言交流，但不合时宜的微笑，会适得其反。因此，微笑要注意场合，符合当时情境下的心态，恰当地用微笑表达情感。

4. 气质优雅

会笑的人，不仅要讲究笑得适时、尽兴，而且笑时要精神饱满、气质优雅。倘若笑的时候表现得粗俗、放肆，实属自毁个人形象。

（三）笑的禁忌

在正式场合笑的时候，严禁下述几种笑出现。

（1）假笑：即虚假的笑，皮笑肉不笑。

（2）冷笑：即含有怒意、讽刺、不满、无可奈何、不屑一顾、不以为然等情绪的笑，容易使人产生敌意。

（3）怪笑：即笑得怪里怪气，令人心里发麻，多含有恐吓、嘲讽之意。

（4）媚笑：即讨好人的笑，并非发自内心，是具有一定功利性目的的笑。

（5）讥笑：即讽刺人的笑，冷言冷语地嘲笑。

（6）怯笑：即害羞、怯场的笑。例如，笑的时候以手掌遮掩口部，不敢与他人交流视线，甚至会面红耳赤，语无伦次。

（7）偷笑，即偷偷地笑，多是不怀好意的笑。偷笑多表示洋洋自得、幸灾乐祸或看他人的笑话。

（8）狞笑，即笑、时面容凶恶，多表示愤怒、惊吓。

习题

1. 以下说法中，不利于头发养护的是（　　）。
   A. 经常梳理　　　B. 科学洗发　　　C. 正确按摩
   D. 合理饮食　　　E. 精神紧张

2. 在做发型的时候，以下注意事项错误的是（　　）。
   A. 发型要适合自己的脸型　　　B. 发型要适合自己的发质
   C. 发型要适合自己的体型　　　D. 发型要适合自己的职业
   E. 发型要适合别人的喜好

3. 以下不属于化妆禁忌的是（　　）。
   A. 当众化妆　　　　　　　　　B. 根据场合选择合适的妆容
   C. 妆面残缺　　　　　　　　　D. 评论他人妆容
   E. 借他人化妆品

4. 以下不属于化妆原则的是（　　）。
   A. 舒服　　　　　B. 自然　　　　　C. 美观
   D. 协调　　　　　E. 得体

5. 我们在选择服饰时，应遵循着装的"TPO"原则，其中"T"代表（　　）。
   A. 人物　　　　　B. 时间　　　　　C. 地点
   D. 目的　　　　　E. 距离

6. 小李是某养老机构的老年服务人员，以下关于配饰的使用原则错误的是（　　）。
   A. 佩戴多种饰物时，同色最好　　B. 佩戴多种饰物时，质地相同
   C. 配饰数量越多越好　　　　　　D. 配饰要适宜
   E. 配饰要符合身份

7. （　　）是面部表情的核心。
   A. 笑容　　　　　B. 目光　　　　　C. 眉毛
   D. 嘴巴　　　　　E. 鼻子

8. 以下关于笑的注意事项不正确的是（　　）。
   A. 笑的时候要发自内心，自然大方
   B. 笑的时候，应当做到表里如一
   C. 微笑要注意场合，符合当时情境下的心态，恰当地用微笑表达情感
   D. 笑的时候要尽兴，不用管别人怎么看
   E. 笑的时候要精神饱满，气质优雅

第三章

体态礼仪

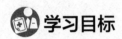 学习目标

知识目标

（1）能够概述老年服务人员常用站姿、坐姿的动作要领。

（2）能够概述老年服务人员走姿的动作要领。

（3）能够阐述老年服务人员扶行老年人的注意事项。

能力目标

（1）能够正确运用体态礼仪。

（2）在扶行老年人时能够保护老年人的安全。

素质目标

（1）在为老年人服务过程中能够考虑老年人的感受。

（2）在服务老年人时有规范的职业形象。

体态又称为仪态，是指人类身体所呈现出的各种姿态，它包括举止动作、神态表情和相对静止的姿态。人们的面部表情、体态变化，如站、坐、走，举手投足中都表达了一定的思想感情。体态是身体各部分器官相互协调的整体表现，是个人涵养的一面镜子。不同的体态可以显示出人们不同的精神状态和文化教养，传递不同的信息，因此体态也被称为态势语。我们敬爱的周恩来总理在南开中学读书时，按照南开中学的《镜箴》（头容正，胸容宽，肩容平，背容直。面必净，发必理，衣必整，钮必结。颜色：宜和，宜静，宜庄。气象：勿傲，勿暴，勿怠）严格要求自己，努力做到体态美，在整个革命生涯中严谨潇洒，温和平正，言行一致，不仅国人为之敬仰，新中国成立后，其外交风采也得到各国人民的认同和赞誉。

案例

小吴是智慧健康养老服务与管理专业的大三学生,在某养老机构实习,在接待老年人时经常低着头,无精打采,站立时把手放到衣服口袋中,身体也不停地晃动。如果老年人和他聊天,他刚开始还能端坐倾听,时间一长就靠着椅背,并跷起二郎腿,甚至拿出手机有一搭没一搭地玩起来。带教老师看到这种情形很无奈,老年人都不喜欢小吴为他们服务。

问题思考:
(1)小吴在接待老年人时的站姿存在哪些问题?该如何纠正?
(2)小吴在陪老年人聊天时,哪些地方不符合礼仪规范?

第一节 站 姿

站姿是人们在站立时所呈现出来的具体姿态,又称立姿或站相,是人们日常生活中最基本的姿势。在站立时,人要注意保持自然大方、挺拔,展现端庄、稳重的静态美。根据性别差异、场合及站立时间,站姿有所变化,但是不能违反站姿的基本要求。

知识链接

不良站姿、坐姿是引发颈源性头痛的病因之一

姿势异常很可能是颈源性头痛的根源性致病因素。生活中经常看见有些人站着的时候佝偻着身子,探着头,塌着肩膀,坐在沙发上时身体斜斜地靠着。然而这些人不知道的是,这些他们自认为舒服惬意的姿势是很多疾病的源头。大多数头痛病人都有不同程度的姿势异常,例如颈前伸、高低肩、上交叉综合征、腰椎前凸等。异常姿势改变了颈椎正常的受力,使关节移位,肌肉韧带痉挛,出现慢性炎症等,进一步导致颈椎失衡,压迫刺激颈神经,出现相应的临床症状。

一、老年服务人员常用站姿

(一)女性老年服务人员站姿

女性老年服务人员的站姿分为基本站姿、规范站姿、沟通站姿3种。女性老年服务人员基本站姿适用于同事之间交谈,规范站姿适用于迎送老年人及家属、前台服务等,沟通站姿适用于日常工作中与老年人沟通交流。

1. 基本站姿

基本站姿如图 3-1 所示。

（1）头部：头正颈直，两眼平视前方，下颌微收，面带微笑。

（2）躯干：挺胸收腹，双肩外展下沉，立腰提臀，身体重心向上提拉。

（3）上肢：双臂自然下垂于身体两侧，手指并拢微曲，中指对准裤缝。

（4）下肢：双腿直立并拢，两脚跟靠紧，脚尖稍稍分开。

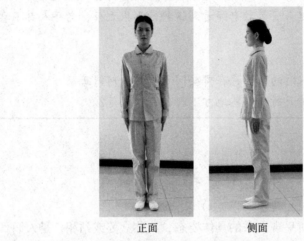

正面　　　　　　侧面

图 3-1　女性老年服务人员基本站姿

2. 规范站姿

规范站姿如图 3-2 所示。

（1）头部：头正颈直，两眼平视前方，下颌微收，面带微笑。

（2）躯干：挺胸收腹，双肩外展下沉，立腰提臀，身体重心向上提拉。

（3）上肢：双手拇指在身前交叉相握（右手在上、左手在下）、掌心向内，手指并拢、伸直。

（4）下肢：双腿直立并拢，两脚跟靠紧，脚尖分开成 45°夹角，呈半"V"形。

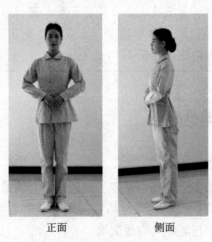

正面　　　　　　侧面

图 3-2　女性老年服务人员规范站姿

3. 沟通站姿

沟通站姿如图 3-3 所示。

（1）头部：头正颈直，两眼平视前方，下颌微收，面带微笑。

（2）躯干：挺胸收腹，双肩外展下沉，立腰提臀，身体重心向上提拉。

（3）上肢：右手在腹部前轻握左手，四指自然弯曲，手腕稍微向上扬。这个手姿体现了女性老年服务人员柔美与坚韧的有机结合。

（4）下肢：双腿直立并拢，两脚跟靠紧，脚尖分开成 45°夹角；也可用右脚的脚跟对着左脚的脚弓，呈"丁"字步。

正面　　　　　　　　侧面

图 3-3　女性老年服务人员沟通站姿

（二）男性老年服务人员站姿

男性老年服务人员的站姿分为基本站姿、规范站姿两种。男性老年服务人员在站立时，要把男性的阳刚、稳健展现出来，给人一种稳重的信赖感。男性老年服务人员基本站姿适用于工作时与同事、老年人及家属之间的交流，规范站姿适用于迎送老年人及家属。

1. 基本站姿

基本站姿如图 3-4 所示。

（1）头部：头正颈直，两眼平视前方，下颌微收，面带微笑。

（2）躯干：挺胸收腹，双肩外展下沉，立腰提臀，身体重心向上提拉。

（3）上肢：双臂自然下垂于身体两侧，手指并拢微曲，中指对准裤缝。

（4）下肢：双腿直立并拢，两脚跟靠紧，脚尖稍稍分开。

2. 规范站姿

规范站姿如图 3-5 所示。

　　　正面　　　　　　　侧面

图 3-4　男性老年服务人员基本站姿

（1）头部：头正颈直，两眼平视前方，下颌微收，面带微笑。
（2）躯干：挺胸收腹，双肩外展下沉，立腰提臀，身体重心向上提拉。
（3）上肢：双手交叉放于身后；也可右手握住左手腕上方，自然放置于腹部前。
（4）下肢：两脚平行分开，与肩同宽。

　双手交叉放于身后　　　右手握住左手腕

图 3-5　男性老年服务人员规范站姿

二、不良站姿

（一）躯干

　　站立时耸肩、含胸驼背、凸腹或东倒西歪，身体倚门靠墙或肘关节压着桌子、手掌撑住头部等，容易给人一种懒散、轻蔑的感觉。

（二）上肢

站立时双手交叉抱胸、叉腰或者插在口袋中，这些姿势容易给老年人造成压迫感；双手不自主地做各种小动作，例如摆弄衣角、抠指甲缝、摸鼻子等，容易给人缺乏经验和不自信的感觉；和同伴站立在一起时勾肩搭背，会给人带来不够稳重的感觉。

（三）下肢

站立时扭腰侧胯、两腿交叉或分开的幅度超过本人的肩膀，随意抖动，容易给人轻浮、随便的感觉。

第二节　坐　姿

坐姿是指人们入座后身体所呈现的姿态，也是人们在社交应酬中采用最多的姿势。从社交的角度来说，正确的坐姿，有利于个人的形象；从礼仪的角度来说，正确的坐姿是对自己及他人的一种尊重；从医学的角度来说，正确的坐姿有利于个人的健康。

一、老年服务人员常用坐姿

老年服务人员在工作中，例如参加会议、书写护理记录、对老年人进行精神慰藉等情况下都要维持良好的坐姿，并表现出特定的专业形象和服务意识。

（一）就座基本要领

坐姿总的要求是端庄、自然、大方。坐的时候要兼顾角度、深度、舒展三个方面。角度是指人在坐位时所形成的躯干与大腿、大腿与小腿、小腿与地面所形成的角度，这三个角度的不同，呈现出的坐姿也不同；深度是指人在坐位时，臀部与座椅所接触的面积的大小；舒展是指入座前后身体各部位的活动，舒张程度与交往对象相关，可间接反映双方的关系。要使自己的坐姿具有美感，不仅要注意落座后的姿态，还要注意入座和离座时的动作。

1. 注意顺序

在人较多的场合，入座时一定要注意先后顺序，要礼让上司、长辈，让行动不便者先入座，再与平辈或亲人同时入座。抢先就座是失礼的表现。

2. 先挪后坐

如果座椅的位置不合适，应先把座椅移至所需要的位置再坐下去，否则坐在椅子上移动座椅会显得很失礼。

3. 讲究方位

不管从哪一个方向走向座位，如果条件允许，应从座椅左侧进入自己的座椅前再坐下，需要离开时也是从座椅左侧离开自己的位置。这是国际惯用的入座和离座礼仪，简称"左进左出"，在正式场合务必遵守。谈话时，可根据谈话对象的方位适当调整坐姿，将上身与腿同时转向谈话对象,面向谈话对象既是对谈话对象的尊重,也方便观察谈话对象所要表达的非语言信息,为成功沟通创造条件。

4. 入座得体及落座无声

双腿进入到座椅前方后,右腿应向后迈一小步,感觉到右腿已接触到座椅边缘后,在落座的过程中穿着裙装的女性老年服务人员应用双手手背自上而下抚平裙摆并顺势轻轻坐下。男性老年服务人员入座时应稳健大方,避免出现"提裤腿"的动作。无论是移动座椅还是落座、调整坐姿,都要从容不迫、悄无声息,体现出良好的教养。

5. 坐姿端庄

谚语"站如松、坐如钟、行如风、卧如弓"中,在坐姿上要求人们坐下时如钟一样稳。我们日常的坐姿要求身体保持正直,并且一般只坐椅子的前 1/2~2/3 部分(至少是前 10 分钟的时间),而不应坐满整张椅面。

6. 离座谨慎

与他人同时离座,应注意起身的先后顺序,礼让尊者,稍后再离开;单独离座时应先向身旁就座者示意,随后再起身;特别是在会议中,如果因特殊情况需要先离开,离座时应注意轻稳无声,以免影响会议的进行。

(二)女性老年服务人员常用坐姿

女性老年服务人员在非正式场合除了基本坐姿,也允许落座后采用双腿叠放、斜放等坐姿,但是应注意膝关节以上必须保持并拢。

1. 基本坐姿

落座后目视前方或交谈对象,下颌微收,上身挺直,两肩平正放松,背部与臀部成 90°角,双手并拢拇指交叉相握(右手在上,左手在下)自然放于大腿上的中段位置,两腿并拢,膝关节尽量成一直角(图 3-6)。

正面　　　　　　侧面

图 3-6　女性老年服务人员基本坐姿

2. 双腿叠放式坐姿

在基本坐姿的基础上，一侧大腿叠放在另一侧大腿上，双小腿尽量紧贴正放或侧放，悬空的脚尖绷紧，两脚尖朝向正前方，双手自然叠放于大腿上中段位置（图 3-7）。

正面　　　　　　　　侧面

图 3-7　女性老年服务人员双腿叠放式坐姿

3. 双腿斜放式坐姿

在基本坐姿的基础上，双腿并拢向左或向右平行斜放，斜放后双脚与地面约成 45°夹角，双手自然叠放于大腿上中段位置（图 3-8）。

4. 脚尖点放式坐姿

在基本坐姿的基础上，右脚向后退半步，右脚尖距离左脚跟约半个脚掌的长度，脚尖点地，脚跟悬空；双手自然叠放于左大腿上中段位置（图 3-9）。

5. 双脚交叉式坐姿

在基本坐姿的基础上，双脚在踝关节处交叉内收或稍向前伸，双手自然叠放于大腿上中段位置，此种坐姿较为省力、舒适（图 3-10）。

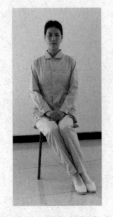

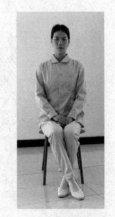

图 3-8　女性老年服务人员　　图 3-9　女性老年服务人员　　图 3-10　女性老年服务人员
　　　　双腿斜放式坐姿　　　　　　　　脚尖点放式坐姿　　　　　　　双脚交叉式坐姿

（三）男性老年服务人员常用坐姿

男性老年服务人员在正式场合一般采用基本坐姿，非正式场合可采用双腿交叉式坐姿、叠放式坐姿。

1. 基本坐姿

落座后目视前方或交谈对象，下颌微收，上身挺直，两肩平正放松，背部与臀部成90°角，两脚自然分开与肩同宽，膝关节尽量成直角，两手分别放于两侧大腿上前1/3处，指尖向前，也可分别放在椅子的扶手上（图3-11）。

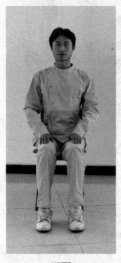 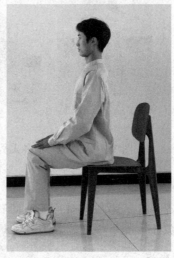

正面　　　　　　　　　侧面

图3-11　男性老年服务人员基本坐姿

2. 双腿交叉式坐姿

在基本坐姿的基础上，两腿向前伸出半步，在脚踝处交叉，两手分别放于两侧大腿上，指尖向前，也可分别放在椅子的扶手上（图3-12）。

图3-12　男性老年服务人员双腿交叉式坐姿

3. 双腿叠放式坐姿

在基本坐姿的基础上，一侧大腿叠放在另一侧大腿上，架起的那一侧小腿侧贴于另一侧小腿，脚尖自然下垂，两手分别放于两侧大腿上，指尖向前（图3-13）。

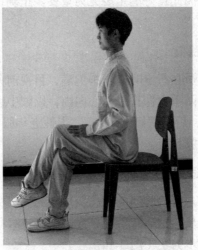

正面　　　　　　　　　　　侧面

图3-13　男性老年服务人员双腿叠放式坐姿

二、坐姿注意事项

（一）头颈部

坐定后要保持头正、颈直、目视前方，避免低头注视地面、仰头靠在椅背上、摇头晃脑、闭目养神等行为，否则容易给人精神萎靡不振的感觉。

（二）躯干

不管采用何种坐姿，坐定后要保持上身挺直，如果交谈对象位于左侧或者右侧，应将上身与腿同时转向谈话对象，避免含胸塌腰、前倾后仰、歪向一侧或趴在桌子上，否则容易给人过于懒散的感觉。

（三）四肢

坐定后要避免手脚随意放置，例如将手插在裤子或者衣服的口袋、夹在大腿中间或垫于大腿下；双腿敞开过大、跷二郎腿，或将腿架在其他物体上；手脚小动作过多，例如抠指甲缝、搓手、抖腿、摇腿等。以上动作容易给人不自信、不雅的感觉。

第三节　走　姿

走姿又称为行姿，是站姿的延续动作，它可以在站姿的基础上展示人的动态美。无论是在日常工作中，还是在社交场合，稳健的走姿能增添个人的活力与魅力。

一、走姿的要求

老年服务人员在工作期间,经常在办公室和老年人房间之间来回走动,巡视老年人的生活状况,因此良好的走姿尤为重要。正确优美的走姿要兼顾五个方面,具体要求如下。

(一)步态稳健

老年服务人员在行走时应精神饱满,目视前方,表情自然放松;头正颈直,挺胸收腹,立腰提臀;两手臂伸直,掌心向内,以腋中线为中心前后摆动,女性老年服务人员以前摆摆幅30°、后摆摆幅15°为宜,男性老年服务人员以摆幅35°左右为宜;身体的重心落在迈出的前脚掌上。

(二)步幅适中

步幅是指行走时两脚间的距离,步幅的一般标准是老年服务人员自身一个脚掌的长度。着装不同时步幅也略有不同,穿西服裙或窄裙时,步幅宜小。女性老年服务人员在工作期间以小碎步为主(图3-14)。

图3-14 步幅

图3-15 步位

(三)步位直平

步位是指行走中脚落地时的位置。女性老年服务人员的步位以"一字步"为宜,即双脚行走的轨迹呈现一条直线,同时克服身体在行进中左摇右晃(图3-15)。老年服务人员在行走中遇到老年人或者同事,应微笑注视对方,向对方问好或者点头致意,并主动让路。如果在路面较窄的地方与老年人相遇,应在离对方两米处放慢脚步,将身体正面转向对方,并微笑点头致意。

(四)步速均匀

步速是指步行时的速度。女性老年服务人员的步速以每分钟110~120步为佳,男性老年服务人员步速以每分钟 100~110 步为佳。在拐弯、上下楼梯时，应减慢速度。在遇到紧急情况时，可适当轻盈地加快步速，展现成熟自信、忙而不乱的职业素养。

（五）步韵优美

步韵是指行走时的节奏、韵律、精神状态等。女性老年服务人员在行走时膝盖尽量绷直，步履轻盈、娴雅，展现阴柔之美；男性老年服务人员在行走时步伐矫健有力、潇洒豪迈，展现阳刚之美。

二、不良走姿

（一）体态不雅

行走时要避免东张西望、重心不稳、含胸驼背、耸肩夹臂、扭腰晃臀、步履拖沓或沉重、手插口袋或和同伴勾肩搭背、搂搂抱抱等，会给人萎靡不振、懒散的感觉。

（二）步态不佳

行走中出现"八"字步态，无论是两脚尖向内侧伸的内八字，还是向外侧伸的外八字，既不雅观，也有碍于腿型的正常生长发育，易形成"X 型腿"或"O 型腿"。走路不成直线，步幅过大或过碎，行走时上下颤动，用脚蹭地面发出较大的声响等行为，均会影响个人形象。

（三）不守秩序

行走时要避免横冲直撞、贸然抢行或和同伴嬉戏打闹、声响过大，多人并排同行，这些行为均妨碍到他人出行。

▍立德树人

文明出行　有你才行

陕西西安浐灞生态区推出"强国复兴有我·梦想时'课'全民微宣讲"，邀请西安市公安局交警支队港务沪灞大队民警白璐在担任《文明出行 有你才行》主讲人，白璐从文明交通主题出发，通过"车让人，人守规""头盔一戴，畅行自在""系好安全带，平安防意外""使用喇叭有讲究，争做文明驾驶人"等脍炙人口的标语和相关情景演示，倡导市民群众积极践行"一盔一带"、互相礼让、不随意鸣笛、黄灯不抢行等文明行为，在日常出行中增强交通安全意识，引领文明出行风尚，让城市和谐有序。

资料来源：https://www.xuexi.cn/lgpage/detail/index.html?id=15800315282096971818&item_id=15800315282096971818.

三、扶行老年人的注意事项

在搀扶老年人行走前，需要让老年人穿长度适合的裤子及防滑的鞋子，观察路面是否干燥、平整。搀扶老年人行走时，注意保持平衡，移动重心，根据老人的身体状况，采取不同的搀扶方式,保障老年人的安全,避免跌倒。

(一)无肢体障碍

如果老年人无肢体活动障碍,能够自主行走,老年服务人员可让老年人抓住我们一侧的手臂;或者一手搀扶老人的手臂,另一手搀扶老人的腰部缓慢行走(图3-16)。

(二)一侧肢体障碍

如果老年人有一侧肢体障碍,老年服务人员站于老年人的患侧,一只手握住并托住老年人的患侧手,使其掌心向上;另一只手从老人的腋下穿过置于其胸前,或者扶住老年人的腰,与老人一起缓慢向前行走(图3-17)。

图3-16　搀扶无肢体活动障碍老年人　　图3-17　搀扶肢体偏瘫老年人

第四节　蹲　姿

蹲姿是人在处于静态时的一种特殊体位,也是老年服务工作人员常用的体态。例如,拾起地面上的物品、协助老年人穿鞋、核对床尾卡等均会用到蹲姿。文明优雅的蹲姿会给他人留下美好的印象,显示规范的职业素养。

一、老年服务人员常用蹲姿

(一)基本蹲姿

基本蹲姿又称高低式蹲姿,是老年服务中最常用的一种蹲姿。下蹲时,以站姿为基础,两脚前后分开约半步的距离;前脚脚掌全部着地,小腿垂直于地面;后脚掌着地,脚跟提起;腰背挺直,臀部朝下;女性老年服务人员两腿应尽可能紧靠(图3-18),

男性老年服务人员两腿可适度分开（图3-19）。下蹲过程中着裙服的女性老年服务人员应用手背抚平衣裙，在腘窝处将裙摆压紧，顺势将手放在前腿中间。

正面　　　　　　　　侧面

图3-18　女性老年服务人员基本蹲姿

正面　　　　　　　　侧面

图3-19　男性老年服务人员基本蹲姿

（二）交叉式蹲姿

交叉式蹲姿适用于女性，通常是穿短裙时采用的一种蹲姿。下蹲时，两脚前后分开约半步的距离；前脚脚掌全部着地，小腿垂直于地面；另一条腿的膝关节从后下方伸向对侧，脚跟提起；两腿交叉重叠在一起合力支撑身体，上身挺直，臀部朝下；两手重叠交叉置于前腿中间（图3-20）。

（三）半蹲式蹲姿

半蹲式蹲姿属于非正式蹲姿，多在行走过程中需要应急时采用。下蹲时身体半蹲半立，上身稍稍弯下，臀部向下，两侧膝关节略弯曲呈钝角，重心放在一条腿上，两腿之间不要分开过大。

图3-20　女性老年服务人员交叉式蹲姿

（四）半跪式蹲姿

半跪式蹲姿又叫作单跪式蹲姿，通常在下蹲时间较长，或需要用力时使用，双腿一蹲一跪。动作要领是下蹲后，一条腿单膝点地，臀部向下，脚尖着地；另外一条腿，全脚着地，小腿垂直于地面；女性双腿应尽力靠拢，男性双腿可以稍分开（图 3-21）。

正面　　　　　　侧面

图 3-21　男性老年服务人员半跪式蹲姿

二、不良蹲姿

（一）方位不当

面对他人或距离他人过近下蹲，会使他人感觉不便；背对着他人下蹲，会让他人认为是不礼貌的。如果确实无法避开他人而需要下蹲时，可以侧身朝向他人，显示出文雅及对对方的尊重。

（二）蹲姿不雅

下蹲时应避免双腿平行叉开，因为这种姿势俗称"洗手间姿势"，不够文雅；此外，女性穿短裙时，应避免下蹲时低头弯腰、臀部翘起，这种姿势容易"走光"，让人尴尬。

习题

1. 站姿应自然、得体、优雅，否则有失庄重，下列做法不妥的是（　　）。
   A. 挺胸、收腹，目光平视前方
   B. 女性双手自然相握，轻贴腹部
   C. 双腿并拢，脚尖稍分开，呈"V"字形
   D. 如长时间站立，一只脚可后撤半步，变换重心
   E. 男士双腿分开，与肩同宽，双手插于口袋

2. 下列关于老年服务人员工作中坐姿的描述，错误的是（　　）。
   A. 坐在椅子椅面的前 1/2～2/3 处　　　　B. 上半身挺直
   C. 女性两脚并拢　　　　　　　　　　　D. 双手交叉相握于胸前

E. 目视前方，下颌微收

3. 坐姿的基本要领不包括（　　）。
   A. 注意顺序，礼让尊者　　B. 讲究方位，左进左出
   C. 入座得法，落座无声　　D. 离座谨慎，礼让尊者
   E. 选座谨慎，方便出入

4. 下列关于老年服务人员走姿中说法错误的是（　　）。
   A. 步态稳健　　　　　　B. 步幅适中
   C. 左右摆臂　　　　　　D. 步速均匀
   E. 前后摆臂

5. 护理员小章在走廊看到一位老年人的笔掉在了地上，她赶紧上前将钥匙捡起来，这一过程中她的姿势错误的是（　　）。
   A. 背部避开他人再蹲下　　B. 上身弯下，双腿站直
   C. 双脚前后错开　　　　　D. 在下蹲的同时用左手抚平裙摆
   E. 捡起笔后双手递给掉笔的老年人

6. 护理员小丁在巡视老年人活动区域时，在走廊过道上迎面遇到年龄较大的医生张某，她应该（　　）。
   A. 头偏向一侧，抢道而过　　B. 回首致意，大声问好
   C. 自然注视，微笑点头致意　　D. 擦身而过，互不言语
   E. 轻拍对方肩膀，轻声问好

7. 小陈坐在办公室电脑前书写护理记录，其坐姿正确的是（　　）。
   A. 双腿交叠，不时抖动
   B. 一只手使用鼠标，另一只手插在口袋里
   C. 趴在电脑桌上，一只手肘撑在桌上，头部歪靠其上
   D. 头部端正，目光平视，上身挺直
   E. 身体后倾，倚靠在座椅靠背上

第四章

社交礼仪

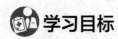 学习目标

知识目标

（1）能够说出常用的称谓方式。
（2）能够说出介绍礼仪的注意事项。
（3）能够阐述接打电话的注意事项、微信使用的注意事项。
（4）能够阐述办公室礼仪、会议礼仪的规范要求。

能力目标

（1）能够根据场合选择适宜的自我介绍方式。
（2）递接名片动作符合规范。
（3）能够正确运用电话礼仪和文书礼仪。

素质目标

（1）增强个人自信心。
（2）尊重他人的观点、感受和需求。
（3）建立和维护良好的人际关系。

社交礼仪是人们在社会交往活动中应遵循的行为准则与规范。老年服务人员与交往对象沟通交流时，适宜的称谓、亲切的态度、得体的举止及温暖的语言等，都是建立良好人际关系、发挥老年服务工作能动作用、提高老年服务质量的保证。

第四章 社交礼仪

> **案例**
>
> 某养老机构护理部主任王女士性格比较随和，与养老机构门卫的关系相处较好，平时进出养老机构大门时，门卫都是以"王姐"来称呼王主任，王女士对此也感觉到比较亲切。某日，门卫看见王女士一行人，又热情地打招呼："王姐好！几位大姐、大哥好！"随行的香港客人诧异地看了看王女士和门卫后尴尬地点头回应，其中一位客人皱起了眉头。
>
> 问题思考：
> （1）为什么门卫平时亲切的称呼，在这时却让几位中国香港客人感到诧异甚至不悦？
> （2）门卫的称呼有何不妥？门卫应该如何称呼王女士？

第一节 见面礼仪

人们在日常生活中所进行的社交活动一般由见面开始，见面礼仪是日常社交礼仪中最基本和最常用的礼仪。见面礼仪是指在与交往对象会面时应当遵循的行为规范与准则，主要包括称谓礼仪、介绍礼仪、名片礼仪和握手礼仪。

一、称谓礼仪

称谓也叫称呼，是指日常交往应酬中彼此之间的称呼语，用于表明彼此之间的关系。由于国家、民族之间存在语言差异、民俗差异、社会制度差异等，因此在称呼上存在较大的差别。恰当地使用称谓，是社交活动中的一种基本礼貌，否则会给对方带来不快。称谓既要表达敬意，又要让对方感到亲切，这样双方的心灵才能得以沟通，感情融洽，缩短彼此的距离。正确地掌握和运用称谓礼仪，是人际交往中不可缺少的社交礼仪。

（一）常用的称谓方式

称谓在使用时要注意场合、职务、年龄、彼此之间的亲疏关系等，一般可分为通用的称谓方式、工作场合的称谓方式、非工作场合的称谓方式。

1. 通用的称谓方式

我国改革开放以前，在国内使用最普遍的称谓是"同志"，这一称谓在当时适用于任何职业、年龄，但是随着时代的发展，这一称谓的使用慢慢变少。随着我国对外交流的增加，东西方文化的融合，在称谓上也越来越接近国际惯例。一般对男子统称"先生"；对未婚女子称为"小姐"，对已婚女子称为"女士""夫人"或"太太"；在不了解对方婚姻状况的情况下可泛称"小姐"或"女士"。这些称谓前可以冠以姓名、头衔等。近些年来，对年轻女性的称谓更倾向于"美女"；对年轻男性的称谓更倾向于"帅哥""靓仔"。

59

2. 工作场合的称谓方式

在较正式的场合，可直接称呼对方的职业、职务、学位、职称等；在一般工作场合，可在其职业、职务、学位、职称前加上姓氏；在极其正式的场合应在其职业、职务、学位、职称前加上姓名。

（1）职业称谓：对于职业特征比较明显的交往对象，可直接称呼对方的职业，以表示对其职业的尊重。例如，吴老师、何医生、李会计、陈律师等。

（2）职务称谓：根据交往对象的职务称呼对方，以表示对其身份和职务的尊重和敬意。例如，王局长、李经理、周主任等。

（3）学位称谓：只有交往对象的学位达到博士学位，才能作为对方的称呼来使用，以表示对知识分子的敬重。例如，陈博士、丁可博士等。

（4）职称称谓：对于具有高级职称者，在工作中可直接以其职称相称，以表示对学术的尊重。例如，朱教授、闻工程师等。

（5）学术称谓：院士是国家设立的科学技术方面的最高学术称号，是学术界给予科学家的最高荣誉称号。在我国，院士通常是指中国科学院院士或中国工程院院士。对于具有院士资格的科学家，可以用姓名加院士来称呼，以表示对其为国家做出了巨大贡献的深切敬意。例如，袁隆平院士。

3. 非工作场合的称谓方式

对德高望重的老前辈或者师长，为表示尊重可以用"姓+老"来称呼。例如，陈老。对熟悉的晚辈或者下属，可用"小+姓""大+姓""老+姓"等称呼，以表示亲切。例如，小吴、大刘、老张等。同事之间，为表示亲近，对年长者可称呼为"叔叔""阿姨"等，例如李叔叔、钟阿姨；对于同辈、年龄比自己小的交往对象可直接称呼其名，不用加上姓，例如露露、美玲等。一般来说，称呼越简单，关系越密切。

（二）称谓的注意事项

在人际交往中，要真诚地与人交往，更好地体现一个人的文化素质和修养，使用称谓时需要注意以下几点。

1. 注意场合

有些称谓在特定的场合使用可能是亲切、自然的，例如在小范围的同学聚会时使用的绰号、小名、昵称，但是这些称谓如果在正式场合使用会让人感觉无礼。

2. 注意顺序

对多人进行称呼时，要遵循先上级后下级、先长辈后晚辈、先女士后男士、先疏后亲的顺序。

3. 注意量词

个体量词称谓有"个""位""名"等，在使用时要注意它们的区别。"个"字的称谓不够有礼貌，不宜使用；而"位"字具有一定的修饰色彩，能让被称呼者有受到尊敬的感觉；"名"字不带有感情色彩。

4. 使用尊称

面对恩师、长辈和领导使用第二人称时，应该用"您"，而不是"你"，这样更能表达我们的敬意。例如，"老师，您好！""叔叔，您早上好！""董事长，您下午好！"

5. 避免弄错

姓名是一个人的符号，不管性别、年龄，每一个人都希望别人能够记住自己的姓名，而职务是个人在社会中的身份。在社会交往中，如果读错、叫错对方的姓名或者职务是非常不礼貌的行为。

6. 禁用替代

禁止使用替代性称谓。例如，在养老机构中，不能以老年人的床号来代替老年人的姓名，在服务性行业中不能用编号来称呼客人。

二、介绍礼仪

介绍是指在人际交往中与他人增进了解、进行沟通、建立关系的一种最基本、最常用的方式，是通过自己主动沟通或者第三方沟通，使交往对象认识自己的一种社交方法。在社交中，如果能正确地运用介绍礼仪，不仅有助于进行必要的自我展示和宣传，还可以结交到更多朋友。介绍一般分为自我介绍、他人介绍和集体介绍。

（一）自我介绍

自我介绍是指在双方互不认识，又没有中间人的情况下的一种介绍方式，目的是向对方说明自己的情况。自我介绍是社会交往中建立人际关系的一把重要的钥匙，是推销自身形象和价值的一种方法和手段。

1. 自我介绍的时机

在社交活动中，以下情况可主动进行自我介绍：想要了解对方的情况时；想要别人了解自己的情况时；在交往中与不相识者相处需要活跃气氛时，有必要与交往对象建立临时接触时；有不相识者要求自己作自我介绍时。例如，在接待新入院的老年人时，老年服务人员应热情接待，根据实际情况亲切和蔼地自我介绍："您好！您请坐！我是前台的服务人员陈××"。

2. 自我介绍的形式

根据社交活动的目的，自我介绍可分为应酬式自我介绍、工作式自我介绍、交流式自我介绍、礼仪式自我介绍和问答式自我介绍。

（1）应酬式自我介绍：适用于某些公共场所和一般性社交场合。例如，多方单位的宴会厅、自助餐晚宴等。这种介绍形式主要针对的是一般交往对象，因此介绍的内容宜少而精。例如，"您好！我叫×××。"

（2）工作式自我介绍：主要应用于工作场合。介绍内容包括工作单位、部门、所任职务或从事的具体工作及本人姓名等。例如，"您好！我是来自××职业技术学院护理学院的×××,现担任基础护理教研室主任。"

（3）交流式自我介绍：适用于在社交活动中，希望与交往对象能更进一步沟通交流，让对方认识自己、了解自己。介绍内容包括姓名、工作单位、籍贯、兴趣爱好，以及与交往对象共同拥有的朋友等。例如，"您好！我叫×××,在××养老护理院上班，老家在××县，喜欢打羽毛球。我的好朋友×××是您的同学，她经常和我聊你们读大学时那些有趣的事情。"

（4）礼仪式自我介绍：适用于讲座、报告、演出、庆典仪式等一些比较正规而隆重的场合，目的在于向交往对象表示友好、尊敬。介绍的内容包括姓名、工作单位、职务等，同时使用一定的敬语、谦辞。例如，"各位来宾，早上好！我叫×××,是×××公司的总经理，很高兴各位能在百忙之中抽空参加本公司的十周年庆典，对此我谨代表本公司对各位的到来表示热烈的欢迎和衷心的感谢。"

（5）问答式自我介绍：适用于应聘和公务往来等。自我介绍的内容是针对问题来回答。例如，招聘单位说："你好！请你介绍你的基本情况。"应聘者可回答："各位评委老师好！我叫×××,很荣幸能够入围这次面试，本人来自××省××市，今年毕业于××大学，在大学期间曾担任学生会副主席。"

3. 自我介绍的注意事项

自我介绍时态度要自然、亲切、友好，举止端庄大方，不要矫揉造作；内容要真实，不要自我吹嘘；时间不宜太长，以30秒以内为佳，一般不宜超过1分钟。

（二）他人介绍

他人介绍也称第三方介绍，是指经第三者为彼此不相识的双方引见、介绍的一种介绍方式。他人介绍通常是双向的，即对被介绍的双方各作一番介绍。有时也可进行单向介绍，即只将被介绍者中的一方介绍给另一方，前提条件是前者了解后者的情况，而后者不了解前者的情况。

1. 介绍的顺序

在为他人作介绍时必须遵循"尊者有优先知情权"的原则。在社会交往中之所以要区分尊卑，并非指人有贵贱之分，而是为了向尊者表达充分的敬意，这是礼仪的核心所在。尊者是指辈分或者地位较高的人，相对尊者而言即卑者。在社交场合中，上下级之间，上级为尊；长辈和晚辈之间，长辈为尊；性别之间，女性为尊；同一辈分中，已婚者为尊；当以上情况出现矛盾时，例如年轻者的职务比年长者更高时，应首先考虑职务、地位，再考虑年龄，最后考虑性别。正确的介绍顺序如下。

（1）上下级之间：先介绍职务低者，后介绍职务高者。

（2）长辈和晚辈之间：先介绍年轻者（晚辈），后介绍年长者（长辈）。

（3）性别之间：先介绍男士，后介绍女士。

（4）主人与客人之间：先介绍主人，后介绍客人。

（5）家人与同事、朋友之间：先介绍家人，后介绍同事、朋友。

（6）与会先到者和后来者之间：先介绍与会后来者，后介绍与会先到者。

（7）未婚者和已婚者之间：同辈分中，先介绍未婚者，后介绍已婚者。

2. 介绍的形式

根据实际需要不同，为他人作介绍时的内容、形式也有所不同，常用的形式有以下五种。

（1）标准式介绍：适用于正式场合，介绍内容包括双方的姓名、工作单位、职务等。例如，"请允许我给两位引荐一下，这位是××养老服务中心的护理部主任×××，这位是××学校的医学院副院长×××。"

（2）简单式介绍：适用于一般社交场合，介绍内容仅仅是双方的姓名或者姓氏。例如，"我来介绍两位认识一下，这位是陈先生，这位是胡主任。"

（3）强调式介绍：适用于各种社交活动，介绍内容除姓名外，同时强调被介绍者一方与介绍者之间具有的特殊关系，期待得到另一位被介绍者的重视。例如"我来给两位作个介绍，这位是××教育局人事科的王科长，近几年对大学生的心理健康教育研究取得了重大成果。这位是我们学校通过人才引进的李××，今年刚入职，是我们学校重点培养的年轻教师。小李最近正在做和心理健康教育相关的课题，请王科长以后多多指导、多多关照"。

（4）引见式介绍：适用于普通的社交场合，此种介绍形式只需要将被介绍双方引导到一起即可，例如，"两位原来不认识吧，其实大家都是同行，现在请两位自报一下家门"。

（5）推荐式介绍：适用于比较正式的场合，介绍者经过精心准备，再将一方介绍给另一方，通常会把前者的优点对后者进行重点介绍。例如，"这位是××医院护理部的章主任，这位是××市护理协会的周会长。章主任是一位护理管理方面的专家，前几年该院优质护理服务活动的开展取得了优异的成绩，相信周会长一定有兴趣和章主任聊聊"。

3. 介绍的姿势

介绍他人时，一般情况是被介绍双方面对面相距1米站立，介绍者站于被介绍者中间偏后的位置，首先侧身向接受介绍者微笑致意；然后转向被介绍者，同时伸出靠近被介绍者一侧的手臂，向外伸展成弧形，摊开手掌，手心向上，拇指微微张开，四指自然并拢，指向被介绍者并进行口头介绍。被介绍者身体前倾15°，向对方点头微笑（图4-1）。介绍者介绍双方完毕后，被介绍双方应按照礼仪的顺序进行握手，同时使用"您好！""很高兴认识您！"等问候语。

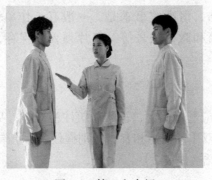

图4-1　第三方介绍

4. 注意事项

介绍者在介绍前需征求双方的同意，被介绍者如果不方便接受介绍，应向介绍者委婉说明原因，取得谅解。如果被介绍双方相隔较远，中间存在障碍物，可挥动右手，同时点头微笑致意。

（三）集体介绍

集体介绍是指在双方或多个团队共同参加的会议、聚会或活动时，为使参与人员之间互相认识进行的介绍。

1. 介绍形式

集体介绍的形式很多，可根据活动的内容、参加人员数量、活动时间长短及必要性决定介绍的形式。

（1）由一位熟悉各方人员的工作人员作为介绍者，出面为大家互相介绍。如果人数多，而且活动的时间不长，不需逐一介绍，只需介绍每个团队的所属单位或部门即可；如果人数不多，则可一一进行介绍。

（2）每个团队指派一人作为介绍者，对本方人员逐个进行介绍。

（3）每个团队人员依次进行自我介绍。

2. 注意事项

在进行介绍时，应按照礼仪的要求注意介绍的顺序，如果介绍者属于某个团队，应先把本团队人员介绍给其他团队人员，以表示对他方人员的尊重；在介绍本团队人员时，以尊者在前的顺序进行。在介绍时要准确使用全称，注重规范、亲切，切勿随便开玩笑。

三、名片礼仪

名片是一种包含个人身份信息，并经过精心设计的卡片，是人际交往中介绍自己或者了解别人的最简便实用的方法，也是人际交往的伙伴和助手。在向别人作自我介绍时使用名片，不仅可以节省时间，同时也为今后的进一步联系和交往提供了信息。

（一）名片设计礼仪

名片上的内容应简洁、清晰实事求是，一般有工作单位标志、名称、姓名、职务、电话号码、电子邮箱和微信账号等。名片须妥善保存，不宜出现涂改、褶皱或残缺。

（二）递送名片礼仪

向对方递送名片时，应起身站立，面带微笑注视对方，身体向前倾斜15°致意。要将名片正面朝向对方，用双手的拇指和食指分别握住名片上端的两角递送给对方，同时使用"请多指教"等谦恭语（图4-2）。

图 4-2 递送名片

（三）接收名片礼仪

接收他人名片时，应立即起身迎上，面带微笑，注视对方，用双手拇指和食指接住名片下方的两角，接过名片后立即认真看一遍，并在表示感谢后用适当的称谓称呼对方，例如，"原来是汪教授，非常荣幸能认识您。"然后再把名片妥善放到名片夹或者衬衣口袋内。

（四）注意事项

1. 递送顺序

递送名片时应注意，应由地位低者先向地位高者递送名片，当需要向多人递送名片时，先将名片递送给职务高者或年长者。

2. 递送动作

不可将名片上举超过胸部的位置，也不可用手指夹着名片递送，不要单用左手递送名片。如果对方是外宾，应将印有外文的那一面朝上递给对方。

3. 禁忌避讳

用左手接收名片，以及接收名片后不看、一言不发、随意放置在桌面上或拿在手上折叠等行为，都是无礼的表现。

4. 回赠名片

如果需要回赠名片，需在收好对方名片后再回赠名片，不要同时交换。

5. 委婉拒绝

当他人向自己索取名片，而自己又不想给对方时，应当委婉拒绝。例如，"对不起，我忘记带名片了。"或"不好意思，我的名片用完了。"等。

四、握手礼仪

握手是国际通用的问候礼仪。握手的力度、姿态与时间的长短往往能够表达对交往对象的礼遇与态度，同时展现自己的个性，给对方留下难忘的印象；也可通过握手了解对方的性格，从而赢得交际的主动权。美国著名女作家海伦·凯勒曾写道："握手，无言胜有言。有的人拒人千里，握着冰冷的手指，就像和凛冽的北风握手。有些人的手却充满阳光，握住它能让你感到很温暖。"这表明握手礼仪并不复杂，但蕴含着丰富的内涵，如果运用不当，将会产生负面影响。

知识链接

握手礼的起源

握手礼起源于远古的摸手礼。

据说原始人为了说明手中没有武器，表示友好，就会伸出右手，让对方摸一下。现代人的握手礼表示致意、亲近、友好、寒暄、道别、祝贺、感谢、慰问、鼓励的意思。

（一）握手的场合

握手作为最常用的礼仪之一，用到的场合很多。遇到久未见面的熟人或被介绍给不认识者时；在比较正式的场合与相识者见面和道别时；应邀参加社交活动面见东道主时；作为东道主迎送客人时；感谢他人对自己的帮助时；在他人遭遇挫折、不幸而表示慰问时；相互表示恭喜、道贺时；赠送礼品或颁奖时，都需要进行握手。

（二）伸手的顺序

一般情况下，伸手的顺序应遵循"尊者先伸手"的原则，是指职位高者、年长者、女性或者主人享有握手的主动权和控制权。在我国社会交往礼仪中，注重向职务高者、年长者表达敬意，因此他们具有握手的主动权；而在国际社交礼仪中，更为注重性别关系，女士优先是通用的社交原则。在访友见面时，主人先伸手和问候是对客人的到来表示欢迎；告别时，客人先伸手表示的是对主人热情款待的感谢和请主人留步。同龄人见面时，先伸手者更显示其彬彬有礼的风度。在某些场合，需要和多人握手时，应遵循"由尊到卑"的原则。例如，先上级后下级，先年长者后年轻者等。

（三）握手的要领

1. 握手神态

与他人握手时，应面带微笑，目视对方，同时加以"您好！""好久不见！"等问候语，让对方感受到自己的热情和真诚。

2. 握手体态

握手时，除了年老体弱、孕妇及残疾人等行动不便者，均应起身站立，身体向前倾斜15°，握手双方的距离一般在1米左右。如果双方关系比较密切，可适当缩短距离。

3. 握手时间

握手时间一般在 3 秒左右。时间过短，会让人感觉敷衍；时间过长，特别是对于初次见面的异性，容易引起误会；如果是老朋友相见，为了表示热情，相握的时间可以稍长一点，但是不要超过 20 秒。

4. 握手力度

握手时，根据不同的对象在力度上应有所区别。如果是一般关系，双方只需稍稍用力相握；如果处在较隆重的场合，或彼此之间关系密切，握手的力度可稍大些，还可上下轻抖几下，表示热情或久别重逢的喜悦；与异性或初次见面者握手时，不可用力过猛，以免引起误会，或让对方感到尴尬。

5. 握手方式

不同的握手方式可传递不同的情感。一般情况下，采用的是"平等式握手"方式，即使用右手与他人相握，手掌垂直于地面，四指并拢，拇指与其余四指稍分开，双方的虎口相交，五指自然并拢用力握对方的手（图 4-3）。另一种是"手套式握手"方式，适用于遇到倍受尊重的尊长或亲朋好友时，即用右手握住对方右手后，再用左手握住对方右手的手背，用以表达对尊长的敬意或者朋友之间的深厚情谊。这种握手方式在外交场合也经常使用，所以又称为"外交式握手"（图 4-4）。

图 4-3　平等式握手　　　　　　　　图 4-4　外交式握手

（四）握手的注意事项

1. 不宜握手的情况

当对方患有手疾或手里拿着较重的物品时；对方在用餐、打电话或者与他人交谈时；与对方距离较远时，都不宜进行握手。

2. 禁用左手与他人握手

使用右手握手是国际上约定俗成的礼仪，尤其是在和外宾打交道时，应当避免用左手与他人握手，因为有些民族认为左手是不洁的。

3. 禁戴手套或墨镜

握手时不能戴着手套或者墨镜，一般只允许女士在社交场合中戴着薄纱手套握手。

4. 态度诚恳

握手时，除非患有腿疾，否则不要坐着，也不要面无表情、左手插在衣袋中、仅握住对方的手指尖、过分摇动对方的手、在握手时东张西望或忙于跟其他人打招呼等，否则会给人敷衍、不尊重的感觉。

5. 不要拒绝握手

一般情况不要拒绝和他人握手，如有手疾或手心有汗，应向对方说明，以免引起误会。也不要迟迟不握他人早已伸出的手。

6. 不要拘泥于礼仪形式

会面中如果自己处在尊者之位，而位卑者先你一步伸出手时，应及时给予回应。若是过分拘泥于礼仪形式，对其置之不理，使人尴尬，也是失礼的表现。

第二节 通信礼仪

电话被公认是最便利的通信工具之一，在我国绝大多数人都在使用的电话是手机，其与我们的生活、工作密不可分，因此，通信礼仪的重要性也日益凸显。在日常工作中，通信礼仪直接影响着一个单位的形象；在生活中，人们通过通信也能初步判断出对方的人品、性格。一个人的通信形象，主要由通信时的语言、内容、态度、表情、举止、时间等多种因素构成。因此，每一个人在通信时应自觉地维护自身的通信形象。在老年服务工作中，主要的通信方式有通话和微信交流两种。

一、通话礼仪

在生活和工作中，某些来电有时会影响到心情。例如，接通电话后，另一头传过来非常嘈杂的声音，接着听到"你是谁？"的问题；或者午休时被无关痛痒的电话吵醒；或者在吃饭时，一些无聊的电话打进来等。因此，在拨打电话时要注意时间、内容、环境及使用文明礼貌用语。

（一）拨打电话的礼仪

1. 拨打时间

拨打电话的时间最好是约定的时间，或者是对交往对象方便的时间，除非是有急事需要处理，否则一般情况下不应在他人休息时间拨打电话。按照惯例，周一至周五的8:00—22:00，双休日及节假日的9:00—22:00，比较适宜通话。在拨打电话时，要注意避开用餐和午休时间；给海外人士打电话还需注意时差；一般情况下，不要为私人的事情打电话到对方的单位，除非对方不介意，如果因为私人的事情打电话到对方的单位，电话接通后最好问一句："您现在方便听电话吗？"即使得到对方的肯定回答，通话时间也尽量要简短，避免影响对方的工作。

2. 文明通话

电话接通后，首先要恭敬地问候对方"您好！"然后根据电话性质自报家门，以便让对方得知发话人的身份。例如，"我是护理部的小陈，请问您这是社工部吗？""我是×××的同学"等。如果因为急事不得已在对方休息、用餐时间拨打电话，在问候对话和自报家门后应立即向对方致歉以取得对方的谅解，然后简明扼要地说明本次通话的目的。在准备终止通话时，应先说一声"再见"，再轻轻放下电话，一般尊者先挂电话，位卑者再挂电话。整个通话过程都要对对方以礼相待，语气要热诚、亲切，语速要平缓，语调、音量要适中。如果发现拨错了电话，一定要向接听者道歉，切忌一言不发、立即挂断。

3. 通话内容简明扼要

电话交谈的时间一般不宜超过3分钟，电话接通相互问候之后，要首先说明本次通话的主题，并征询对方是否方便交谈，如果对方没时间，就再另约时间。通话过程中应注意言简意赅，不拖泥带水。如果对方通话过于拖沓，可以礼貌暗示对方"现在不想占用您太多的时间，我们以后有时间再聊，好吗？"。

4. 通话环境适宜

拨打电话时应选择一个安静、安全的环境，不要在电影院、商场、KTV等环境嘈杂的地方拨打电话，以免影响通话；也不要在飞机上、加油站等场所打电话，否则既不安全也不礼貌。

5. 预期通话对象未能接听电话的处理方式

电话接通后，如果预期的通话对象未能接听电话，按实际情况可以有以下三种处理方式。

（1）在事情不是很紧急，而且还有预期通话对象其他的联系方式的情况下，可以直接用"对不起，打扰了，再见！"作为通话的结束语。

（2）请教对方预期通话对象联系的时间或其他可能联系的方式，例如，"请问我什么时候再打来比较合适？"或"我有紧急的事情，要找李科长，不知道有没有其他的联系方式？"不管对方是否为你提供了其他的联系方式，都应该礼貌地说："谢谢，再见！"

（3）用礼貌的方式请求对方转告预期通话对象，转告事项包括本人的姓名、单位名称、电话号码、回电时间、要转告的内容等。在对方记录下以上内容后，需询问对方："对不起，请问您怎么称呼？"对方告知后要用笔记录下来，以备查找。

（二）接听电话的礼仪

在整个通话过程中，受话人虽然处于被动的位置，但是也要遵守相应的礼仪规范。

1. 接听及时

在电话礼仪中要求"铃响不过三"，即电话铃响三次前拿起接听为宜。电话接通后，首先问候对方，然后自报家门，例如"您好！我这里是夕阳红养老护理院护理部"；如果是本人手机接听而且是陌生的电话，一般只需要问候对方或确认自己是对方的通话对象，例如，"喂，您好！"或"您好！对，我是×××。"，当对方报出所找之人的名字并非自己时,可回答"请稍等";如果对方所找之人此时未在办公室,需如实告诉对方,让对方在适宜的时间再打过来,或者询问对方是否需要代为转达。如果对方需要转告,必须做好记录,内容包括对方的姓名、单位名称、主要事宜,是否需要回复及回电的时间、号码等,做好记录后,须向对方复述一遍,以免遗漏或记错。

2. 主次分明

通话过程中,有另一个电话打进来,不可置之不理,应快速判断情况后,再根据两个电话的轻重缓急妥善处理。如果后面打进的电话相对比较紧急,应先向正在通话的对象说明原因,征得对方同意后,再接听另一电话。否则,在结束通话后立即回拨后面打进电话的对象。

3. 应对谦和

接听电话时,应聚精会神聆听对方讲话,并适时给予对方反馈,例如,"哦!""好的!"等,不要一边接电话一边与身边的人交谈、看文件、吃零食或者看电视等,否则对方会认为你不注重本次通话、不尊重他。

(三)注意事项

在拨打、接听电话时,以下几个方面必须注意。

1. 手机设为振动

老年服务人员上班时间应将手机设置为振动状态,避免影响老年人的休息;一般情况下也不要接打私事电话,如果有急事需要处理,应简明扼要,尽快挂机,以免影响工作。

在电影院、音乐厅、图书馆和会议厅等公共场所也要把手机设为震动状态,以免影响到他人。如果有紧急的事情需要拨打、接听电话,也应尽可能在不妨碍到他人的情况下离开,到适宜的地方后再小声地拨打或者接听电话。

2. 音量适宜

老年服务人员不要在上班时间大声呼叫别人接听电话,如果对方所找之人在离办公室较远的地方时,应在让对方稍等之后,快步走到所找之人的身边,小声告知其有来电找他。

生活中,不应该在地铁、公交车、楼梯口等公共场合旁若无人地使用手机,以免影响到他人,而且也不安全。

3. 注意安全

不要在驾驶车辆时使用手机,步行时不要在过马路时使用手机,以免发生交通事故;乘坐飞机时应自觉关闭手机或者设置为飞行状态,以免干扰电子信号,影响飞行安全;不要在加油站内、户外雷雨天气时使用手机,以免发生意外。

4. 保持通畅

老年服务工作人员应保持手机的通畅,及时缴纳手机费用,避免因欠费影响与外界的联系;如果有熟悉的未接电话,要及时回复;如果自己更换了手机号码,要及时通知主要的交往对象。

5. 尊重隐私

当来电者要求转告某些事情给所找之人时，要严守口风，切勿随意扩散。当别人在通话时，不要旁听，也不要插嘴。未经主人的同意，切忌把其手机号码告诉别人。

6. 调整心态

当我们拿起电话准备拨打或者接听的时候，一定要面带笑容。不要以为笑容只能表现在脸上，它也会藏在声音里。亲切、温柔的声音会使对方马上对我们产生良好的印象。如果绷着脸，声音会变得冷冰冰的。

通话过程中绝对不能吸烟、喝茶、吃零食，即使是姿势懒散，对方也能够"听"得出来。如果你打电话时弯着腰躺在椅子上，对方听你的声音就是懒散的、无精打采的；如果打电话时坐姿端正，所发出的声音也会亲切悦耳、充满活力。因此打电话时，即使看不见对方，也要当作对方就在眼前，尽可能注意自己的姿势。

二、微信礼仪

如今微信已经成为我们工作、生活必不可少的沟通工具，用微信进行文字沟通、语音聊天、视频通话等也成为我们需要掌握的技能。

（一）微信基本信息

我们在注册微信账号选择昵称时，应根据自己的喜好选择健康、积极、有个性的名字，也可以是自己的真实姓名；不要使用国家机关、外国政要名人及恐怖分子的名字来命名，否则会给人不严肃的感觉，也不要使用他人难以记住、看不懂的一长串英文字母、数字及符号来命名。头像可以使用本人的真实照片，也可以选择卡通人物、动物、植物、风景等富有正能量的图片。

（二）添加微信礼仪

添加交往对象的微信有两种方式，可以通过面对面扫描账号二维码，也可以输入电话号码、微信账户查找后添加。如果是微信扫码添加微信，应按照长幼有序、主客适宜的原则进行，一般由职务低者扫职务高者的微信二维码，年轻者扫年长者的微信二维码，主人扫客人的微信二维码。在添加好友申请时，根据工作和社交的需要进行自我介绍和说明添加原因。在添加新的好友成功后，要第一时间和好友打招呼，并备注好友基本信息，包括姓名和单位，避免以后遇到相同名字的好友发错信息而尴尬。对于重要的交往对象，添加后可以设置为"置顶"，避免遗漏交往对象发出的重要信息。

（三）发送信息礼仪

微信发送信息的方式有三种，包括发送文字消息、语音消息、语音及视频聊天。

1. 发送文字信息

用微信发送文字信息时，适当地称呼交往对象是尊重他人的重要表现，特别是身份地位较高者，尤其需要小心谨慎。内容要简明扼要、有针对性，避免长篇大论，浪费彼此的时间。编辑文字信息后须检查一遍，确保无误后再发送；如果不小心把带有错别字的信息发出后又无法撤回时，务必补发一条信息加以说明，取得对方的谅解。

2. 发送语音信息

发送语音信息前需征得对方的同意，尽量使用标准的普通话，并且确保在安静的环境下发送。

一般情况下工作微信不宜发语音信息，优先选择文字信息，避免遇到紧急情况，而对方所处环境不方便收听；而且由于语音信息不能截图、转发，虽然语音可以转换成文字，但是转换后有可能出现错误信息，引起误会。

3. 语音及视频聊天

发起语音或者视频聊天前，需征询交往对象是否方便。如果是视频聊天，需要注意整理本人的仪容仪表及摄像头可能捕捉到的环境范围。在聊天的过程中要把握好时间，避免影响到他人的工作及休息。

（四）回复信息礼仪

收到信息后要及时回复，尽量少用单个字回复，比如"哦""嗯""喔"等，也不要简单回复一个表情，否则对方容易误以为你不想与他聊天。如果确实因为客观原因不能及时回复的，看到信息后应立即回复信息，并向对方致歉。如果对方发送语音信息、视频聊天邀请，而本人不方便接受时，在拒绝对方的邀请后，一定要发送文字信息说明原因，以取得对方的谅解。

（五）转发信息礼仪

转发信息的内容要谨慎处理，如果转发的是聊天记录、截图，需要征得聊天记录当事人的允许，避免出现信息泄露及误会。禁止转发诸如"如果不转发就……"这类强制性或者诅咒性的信息；不转发低级庸俗的内容和图片；不转发涉及国家和工作单位机密的信息；不转发带有明显政治激进色彩的内容、图片等信息；不转发未经官方确认的各种小道信息。

（六）微信群礼仪

在组建微信群，添加成员的时候最好先争取对方同意，并介绍本群的用途。群名称可以根据工作任务或者团队性质进行命名；入群后群成员应立即根据群的性质更改本人的群昵称，方便和其他成员进行沟通。

群聊的话题要切合主题，不要谈论和转发太多跑题、敏感的话题；不发个人生活琐碎和烦恼的事，避免影响其他群成员的情绪，浪费他人的时间，同时也会暴露个人隐私；不要在微信群内发过于直白的广告，以免引起他人的反感。一般情况下不要在微信群私聊，如果有私密的话题需要和某位群成员沟通，应单独私聊，不要让大家一起围观。

（七）朋友圈礼仪

微信朋友圈是公共场合，发朋友圈时须慎重，要做到三个坚守。一是坚守政治底线，树立政治意识、大局意识，对重大原则和大是大非问题有清醒的认识，不非议党和政府，不歪曲四史（党史、新中国史、改革开放史、社会主义发展史），不抹黑革命先烈和英雄模范；二是坚守道德底线，坚守高尚的道德品格，远离低级趣味，自觉抵制歪风邪气；三是坚守法律底线，严格执行保密法规和制度，不泄密，不传播非法出版物，不宣传封建迷信及淫秽色情。

立德树人

守望相助！这个冬天，江苏南京人的朋友圈、微信群太暖了

"谁家小孩急需退烧药，我可以免费共享！""各位美邻，谁家有多余的体温计？""我有，你住几楼？"……这几天，南京人的朋友圈、微信群时不时被这样暖心的留言刷屏。在这个冬天，大家不计回报、守望相助的举动，给南京城带来一片片温暖与善意。

资料来源：https://www.xdkb.net/p1/nj/20221222/352805.html。

第三节 往来礼仪

在社会交往中，访友、迎来送往、馈赠礼品都是非常重要的人际交往环节，这是一种表达友情、敬重和感激的方式。它不但可以结识新朋友，调节生活，还可以使我们开阔眼界，互通信息，联络感情。人们在相互往来的过程中，要讲究礼节，注意礼貌，遵循一定的礼仪规范行事。

一、接待礼仪

"有朋自远方来，不亦乐乎。"掌握并运用好接待礼仪不仅能赢得拜访者的尊重与理解，还能创造一种和谐、温馨的良好氛围。

（一）热情相迎

如果邀请客人来访或者接到客人到访的信息，应提前做好准备，搞好卫生，同时根据客人的喜好准备好相应的茶点。主人还要注意自己的仪表、服饰，以示对客人的尊重。在严寒和酷暑的天气，应在客人到达前半个小时把待客房间的空调打开，调节好温度。如果是贵客来访，主人应到单位门口或者小区门口相迎。如果有客人突然到来，也要热情接待；如果来不及准备室内环境，应向客人致歉，不要忙于打扫，以免弄得满屋灰尘。如果自己的仪表不方便接待客人，应表明情况，让客人在屋外稍候，自己简单快速地整理仪表后，再开门迎接。

（二）诚恳待客

客人进门后，首先要安排好客人随身所带的物品，如大衣、雨具等，接着尽快安顿客人坐下，然后主动敬茶或分发水果等。如果客人带小孩来拜访，要先安顿好孩子，例如给孩子喜欢的零食和播放动画片等。在与客人交谈时态度要诚恳、谦虚，可多谈客人关注的问题，不要在交谈时频频看表、打哈欠或者漫不经心，以免客人以为你在逐客。如果用餐时来客，要热情邀请客人一同进餐。客人来时，如果自己有重要的事情不能相陪，要先打招呼，致以歉意，并安排其他人陪伴，然后再去做自己的事情。

（三）以礼相待

客人要告辞时，一般要稍作挽留，如果客人坚持要走，也不要勉强挽留；应等客人起身后，主人再起身相送。送客时，视来访者的身份和年龄等情况而定，一般朋友、熟客或下级，送客到自家门口即可；长辈、上级或初次来访的客人，应陪送到楼下或车前。如果有回礼，应在分手告别时奉上，同时举手示意"再见"。

二、拜访礼仪

拜访是指亲自到朋友家或有业务关系的单位去拜见访问某人的活动，俗称"串门"。正确运用拜访礼仪，才能成为受欢迎的客人。

（一）先约后到

提前预约时间是对拜访者最基本的礼仪要求，不管拜访地点是办公室还是住宅，在拜访前都要提前预约，在双方明确的时间内进行拜访。到住宅拜访属于进入私人生活领地，对主人家会多有不便。因此在时间选择上要考虑到主人的方便，以便主人及其家人能有所准备。避免在进餐、午休、晚上休息、上班前的时间拜访，尽量不做"不速之客"。预约时要自报家门，并询问对方是否在家，是否方便，同时告知对方访问的内容，使对方有所准备。

（二）着装适宜

服装的选择也是一种较为重要的礼仪，拜访者需要根据拜访的内容来选择服装。一般性的拜访着装要求干净整洁、端庄大方，不必过于华丽、标新立异，也不可衣冠不整、蓬头垢面。适宜的着装既能显示出对主人的尊敬，还可以突出自己的个性。

（三）礼貌告知

进入主人的住宅前，不管门是虚掩着还是关着，都应先按响门铃或轻轻敲门，在门口先发出招呼声，礼貌地告知主人，得到允许后方可进入。否则，可能让主人感到措手不及，这是一种失礼的行为。

（四）注意举止

进门后，应先向主人一家或其他在场的客人分别打招呼问候，如果带了礼物，应在这个时候用双手把礼物递给主人，再根据主人家的具体情况和主人的意思决定是否需要换鞋、套鞋套。落座后，主人端茶送水时都应该起身道谢，双手相接。如果主人邀请用餐，需文明用餐，动作优雅，勿随意翻动饭菜，忌狼吞虎咽；饭后应停留一会儿再辞行。在整个拜访期间，不可随意翻动主人家的东西或到处乱闯。

（五）把握时间

当今社会生活节奏较快，人们的时间观念非常强。遵守时间是一种最基本的礼仪要求。拜访时间长短应根据拜访的目的和主人意愿而定，一般性的访友，以半小时为最佳拜访时间，公事拜访一般控制在半小时到一小时内为宜。

（六）适时告辞

拜访的目的达到后，要适时止住话题，起身告辞。在告辞时，要向主人表示打扰的歉意，并对主人的款待表示感谢，要主动与主人和其他客人告别，使用"再见""谢谢""请留步"等谦恭语。

三、馈赠礼仪

"千里送鹅毛，礼轻情意重。"在日常交际中，人们常用馈赠礼品的形式来表达彼此间的情谊。礼品已成为人际交往中传递情感、表达友谊的一种媒介。赠送礼品不仅能起到沟通感情和保持联系的作用，还往往能表现馈赠者的人品和诚意。

（一）礼品选择的原则

1. 纪念性

礼品的选择不需要很贵重，但要强调纪念性，即不以价格取胜，而以友情纪念为重。

2. 独特性

特别的、具有个性和意义的礼品往往更容易被人接受。

3. 针对性

选择礼品时，需针对馈赠对象的性别、年龄、婚姻状况、文化背景及其家庭背景等情况，挑选符合使用者身份、能够使其经常看到或经常使用的礼品。

4. 便携性

赠礼给外地的客人、年龄大的客人时，要注意礼品的便携性，最好不要选择易碎、沉重、不容易携带的礼品。

（二）礼品选择的禁忌

（1）违规物品：有碍社会公德和社会规范的物品。例如，盗版CD。

（2）贵重物品：过分昂贵的物品。例如，珠宝首饰、古董。

（3）破旧物品：旧电器、缝补过的衣物等。

（4）宗教禁忌：有悖对方民族习俗和宗教禁忌的物品。例如，不要给回族人赠送猪肉类食品，不给藏族人赠送驴肉、马肉类食品。

（5）个人习惯：有违对方个人习惯的物品。例如，不给讨厌香水的交往对象赠送香水、香料类物品。

（6）广告物品：带有明显广告标识的物品。

(三)馈赠时机

馈赠的时机是非常关键的,中国人讲究"雨中送伞""雪中送炭",十分注重送礼的时效性,因为只有在最需要的时候,收到的礼物才是最珍贵和最难忘的。一般以下几种情形比较适合送礼:①喜庆或病丧之日;②欢庆节日;③拜访做客;④亲友远行;⑤酬谢他人;⑥探视病人。

(四)馈赠礼节

1. 适当包装

适当的包装不仅能为礼品增色,还可以表示对对方的重视和尊重。

2. 注意礼品处理

礼品上的价格标签一定要清除干净。如果礼品有保修单和发票,赠送的时候要一起奉上,以便受礼者能够享受售后服务。如果是给交往对象的小孩赠送衣物,应同时把购物小票放到袋内,方便受礼者调换尺码。

3. 注意赠礼的场合

尽量不要当众在一群人中给某一个人赠礼,给关系亲密的人送礼也不宜在公开场合进行,避免给对方和自己带来误会。只有礼轻情意重的特殊礼物才适宜在大庭广众面前赠送,例如纪念册、锦旗等。

4. 注意赠礼时的态度、动作和言语表达

馈赠礼物时,应平和友善,落落大方,并伴有礼节性的语言表达,这些都是诚意和尊重的重要体现。

(五)受礼的礼节

1. 态度落落大方

接受礼品时要迎向对方,双手接过来,然后放在适当之处,以示对对方的重视。

2. 表示感谢与欣赏

接到礼品时,要向对方表达诚挚的感谢。如果是外国友人送的礼品,最好当面打开并表示感谢。

3. 学会拒绝

对于不能接受的礼品或不便接受的礼品,要当场拒绝并礼貌得体地说明原因。

第四节 行政工作礼仪

行政工作是指一切社会组织和团体对有关事务的治理、管理和执行的社会活动,以行政部门为主,负责行政事务和办公事务。行政工作内容涉及广泛、烦琐,包括办公室事务管理、办公物品管理、会议管理、文书资料管理、对外接待相关事务管理等。作为老年服务及管理的工作人员，应学习并遵守行政礼仪，才能为单位及个人塑造良好形象。

一、办公室礼仪

办公室是处理单位事务的场所。办公室礼仪不仅体现了对领导、同事及服务对象的尊重，还体现了公司的文化，更是行政人员职业素养的直接表现。

（一）环境礼仪

办公室是每一位工作人员办公的场所，办公室的环境不仅影响工作人员的工作心情，还体现了单位的管理水平和外在形象。为了创造优良的办公环境，营造良好的工作氛围，所有工作人员都有责任保持办公室的干净、整洁。一般情况下，办公桌面除电脑、水杯、电话、文具（必须放置于笔筒内）、文件架（筐）、相框、名片盒、小型植物之外，不放置其他物品。工作人员如果离开座位半个小时以上应于离开前将桌面收拾干净。不在办公区域的墙上和公共设施上乱涂乱画及随意粘贴图片，不在办公区内吸烟、大声喧哗，不在上班时间串门聊天，不做与办公无关的事情，保持卫生间、茶水间的整洁，离开办公室应关闭电源、门窗。

（二）同事相处礼仪

同事是与自己一起工作的伙伴，良好的同事关系能提高工作的积极性，促进事业的发展，提升个人的幸福指数。在职场上要建立良好的同事关系，需要做到以下五点。

1. 真诚合作

很多工作需要同事之间相互配合才能完成，只有互帮互助、真诚合作才能共同进步。

2. 同甘共苦

在日常工作当中难免遇到困难，如果同事遇到困难，应该在力所能及的范围内尽力帮助其渡过难关，这是赢得对方信任的关键。

3. 公平竞争

同事之间良性的竞争有助于彼此的成长，切记不要在竞争中玩小聪明、耍心眼，公平、公正的竞争才能使人心服口服，应凭真本领取得竞争胜利。

4. 宽以待人

同事之间相处产生摩擦是难免的，如果出现矛盾冲突，要首先从自身查找原因，如果是由自身的原因造成的，应及时向对方道歉以取得谅解；如果是他人的失误，只要没有违反原则问题，就不要斤斤计较，应主动去化解隔阂。

5. 学会赞美

每一个人都希望得到别人的赞美，赞美能够激发人的自豪感和成就感，让人产生积极进取的动力。赞美者在赞美、鼓励他人的同时，也能够改善人际关系、丰富自身的生存智慧。

二、会议礼仪

会议是指有组织、有领导、有目的的议事活动。它是按照规定的时间、地点和程序，组织有关人员沟通的一种方式。行政人员通常会议较多，正确运用会议礼仪，对会议的顺利进行、达到会议目的有着至关重要的作用。

（一）会议前的准备

1. 明确会议目标

会议前，行政人员要确定会议的主题、内容和需要达到的目的。会议目标必须用书面形式列出，且数量适当、切合实际、可以衡量。

2. 确定参会人员

会议前，要根据会议的目的确定本次会议相关的人员，一般包括决策者、提供技术的相关人员、后勤保障人员及执行人员等。

3. 设计会议议程

会议议程是会议整体的流程安排，包括会议举办的时间、地点、主持人、具体议题、具体发言人，以及每个议题的计划时间、汇报发言时间、讨论时间等。设计议程时需要确保信息的准确、完整，使参会人员对议程安排能够一目了然；对每个议题的内容和时间严格把控，避免超时、偏题及遗漏等。

4. 确定会议时间和地点

会议前，应根据会议内容、参会人员人数选择会议地点，根据议题数量、参会人员工作性质选择会议时间，目的是使参会人员方便参与会议。

5. 传达会议通知

确定会议时间、地点及参会人员后，将会议通知以邮件、微信及电话等形式及时通知到每一位参会人员。会议通知内容包括议程安排及提醒参会人员需要准备的材料。

6. 其他

其他需要会前准备的内容包括会议用品的准备、会场的布置。如果有外地参会人员，还需做好接车、食宿的安排。

（二）参会礼仪

参会人员的仪表应端正大方，根据会议角色选择服装，一般以正装为主，服装应整洁、合体。要提前10分钟到达会场，进出有序，按照会议安排落座，入座后把手机调成静音或者关闭手机。与会过程中要认真听讲，注意会场纪律，发言人讲话结束后应鼓掌致意。会议过程中因故需要提前退场时，应当设法向领导请假，得到领导同意后方可谨慎离席。

（三）发言礼仪

会议发言直接关系到会议的效果，发言者的发言要合乎发言礼仪规范。发言者如果需要到台上发言，上台时应面带微笑、步态自然，上台后首先向领导、嘉宾及观众问好、鞠躬致意；发言时要口齿清晰，语调抑扬顿挫，语速适中，表情要根据发言内容而有所变化；发言过程中肢体动作要自然，避免矫揉造作；发言结束后先向观众致谢再走下讲台。如果是讨论过程中的自由发言，应注意顺序，不要争抢发言，发言要简短、有条理；如果观点与他人有分歧，应该态度平和地阐述，以理服人。

三、护理文书礼仪

护理文书是老年人入住养老机构后的资料中的重要组成部分，具有法律意义，同时也为老年护理的教学、科研提供了宝贵的数据，因此护理文书的书写要准确、及时、完整、规范，并且保存妥当。

（一）准确

护理文书的书写必须在内容、时间上客观真实、无误，尤其对老年人的主诉和行为应进行详细、真实、客观的描述，不应是照护人员的主观解释和有偏见的资料。文书上记录的时间，应为实际给药、护理的时间，而不是事先排定的时间。

（二）及时

护理文书的书写必须及时，不得拖延或提早，更不能漏记、错记，以保证书写的时效性，维持最新资料。

（三）完整

护理表格应按要求逐项填写，避免遗漏。记录应连续，不留空白，每项记录后签全名，以示负责。如果老年人出现病情恶化、拒绝接受治疗护理、出现自杀倾向、发生各种意外、请假外出、并发症先兆等特殊情况，应详细记录并及时汇报值班医生，并在交接班时交代清楚。

（四）规范

护理文书的书写应当使用中文和医学术语，避免使用自编略语、俗语及习惯语。使用阿拉伯数字书写日期和时间，采用24小时制记录，计量单位用中华人民共和国法定计量单位。如果书写过程中出现错字（句），应用同色笔双横线划在错字（句）上，并将正确文字书写其后，不得用刮、粘、涂等方式掩盖或除去原来的字迹。

习题

1. 下列关于称谓礼仪的说法，错误的是（　　）。
   A. 无论在怎样的场合，称谓越亲近越有利于社交
   B. 称谓应该尊重个人的习惯
   C. 称谓要符合民族、文化和传统习惯
   D. 使用不同的称谓，意味着交往双方人际距离的不同
   E. 称呼老师、长辈要用"您"而不是"你"

2. 关于名片礼仪，错误的做法是（　　）。
   A. 递送名片时起身站立，欠身致意
   B. 递送者双手的拇指和食指持住名片递送
   C. 接受者双手接过名片后立即放进名片夹保管好
   D. 名片设计内容要实事求是
   E. 递送名片时一般辅以"请多指教"的谦语

3. 他人介绍的顺序，错误的是（　　）。
   A. 先介绍上级，后介绍下级
   B. 先介绍男士，后介绍女士
   C. 先介绍晚辈，后介绍长辈
   D. 先介绍家人，后介绍同事
   E. 先介绍未婚者，后介绍已婚者

4. 关于集体介绍礼仪错误的是（　　）。
   A. 选择一位熟悉双方情况的作为介绍者
   B. 介绍时要注重规范、庄重、亲切
   C. 首次介绍时要准确使用全称
   D. 介绍其中一个团队时，应按照职务高低的顺序来介绍这一团队
   E. 介绍人为搞活气氛，可在介绍年龄较小者时使用昵称，以示亲切

5. 关于握手礼仪错误的做法是（　　）。
   A. 握手的最佳距离是1米
   B. 握手的时间3秒为宜
   C. 一般情况稍微用力一握即可
   D. 与异性初次见面时握手的力度可稍大，以示重视
   E. 常用的是"平等式握手"

6. 下列关于馈赠礼仪错误的是（　　）。
   A. 根据受礼者的喜好、年龄及性别等情况选择礼品，但不宜太过贵重
   B. 如果选择的礼品是小家电，应该把使用说明书、保修卡及发票一起奉上
   C. 只有礼轻情意重的特殊礼物才适宜在大庭广众面前赠送
   D. 遇到不喜欢的礼物可以拒绝接受
   E. 打开礼品的时间中外有别，中国人受礼后一般等客人离开后再打开，外国人则习惯当着客人的面打开包装

7. 下列关于接待礼仪做法错误的是（　　）。
   A. 如果邀请贵客到家里，应该到小区门口迎接贵客的到来
   B. 如果邀请客人到家吃饭，只需准备茶和饭菜
   C. 如果天气较冷或者较热，应提前半小时把空调开好
   D. 客人要告辞时，一般要婉言相留，但是如果客人坚持要走，也不要勉强挽留
   E. 对于上司、长辈及初次来访的客人，在他们离开时，应陪送到楼下或车前，待车驾驶离开视线后再转身离开

第五章

求职应聘礼仪

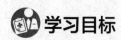 学习目标

知识目标
（1）能够阐述撰写求职信的一般礼仪原则。
（2）能够阐述填写毕业生推荐表的注意事项。
（3）能够概述面试前的准备。

能力目标
（1）能够完成书面求职材料。
（2）能够运用求职面试礼仪提高应聘的成功率。

素质目标
（1）在应聘中能够展现出专业、自信和得体的职业形象。
（2）在应聘中能够从容应对、准确地表达自己的观点和需求。

随着社会主义经济建设的迅速发展，人才流动也愈发频繁，求职应聘是毕业生必须经历的一个重要的环节。面对巨大的就业压力，想在众多的大学毕业生求职者中脱颖而出，除了扎实的专业知识和娴熟的操作技能，还需要具备良好的求职礼仪。求职应聘礼仪是公共礼仪的一种，它既是求职者在求职应聘过程中应具有的行为准则和礼仪规范，也是求职者的个人修养在求职过程中礼节、礼貌方面的体现。它包括求职服饰的准备、仪容的修饰和求职过程中与招聘单位的沟通等方面。心理学家奥里·欧文斯说："大多数人录用的是他们喜欢的人，而不是最能干的人。"只有懂得和注重求职应聘礼仪的智慧健康养老服务与管理专业学生，才能在求职面试中得心应手，给自己争取更多的就业机会。

案例

小宋是某高职院校智慧健康养老服务与管理专业的应届毕业生，在参加某养老机构的面试时，她脚穿一双帆布拖鞋，上身穿着一件紧身T恤，下身穿一件超短裙，长发披肩，指甲做了镶钻的美甲。轮到小宋进去面试时，她左手拿手提包，右手拿着简历直接进入面试室，走到评委老师面前说："这是我的简历"，接着右手拿着简历直接放在评委老师面前的桌子上，然后退后五步，询问评委老师："可以开始面试了吗？"评委老师要求小宋做自我介绍，小宋回答："我叫宋春华，我的详细情况都写在简历上了。"评委老师随意问了几个问题就请小宋回去等消息，但是一个月过去了，小宋没有收到任何录用通知。

问题思考：

（1）小宋为何没有求职成功？

（2）在面试时小宋有哪些地方做得不妥当？

第一节　求职前的准备

求职的过程，就是推销自己的过程。当求职者看到招聘的公告时，在确定自己的条件与招聘方的要求相符后，一般情况下求职者需要向用人单位呈递"求职信"，在得到用人单位的回应后，再递交一份完整、系统地反映个人信息的简历和相关证明材料。

一、自我定位

求职应聘时需要考虑自己的文凭、各类技能证书是否与用人单位的招聘条件相符合，自己的目标薪金及岗位是否会实现。过高的要求往往会使此前的努力付诸东流。

（一）全面、客观地评价自己

求职应聘是供求双方相互了解、相互选择的过程。对于求职者来说，不仅是接受用人单位考察的过程，更是一次努力展现自身闪光点的过程。因此，在应聘前要了解自己，既要明确自己的需求，也要了解有哪些岗位可供自己去争取。因此，智慧健康养老服务与管理专业毕业生在求职之前，要全面、客观地剖析自己，包括对自己的知识结构和水平、能力特点、心理特征、技能优势、喜好和理想等方面进行客观的评价。

（二）确定自己的核心竞争力

求职者在客观地把握自身条件的前提下，应确定自己的核心竞争力，进一步明确最适合自己的职业和岗位。由于不同的单位和岗位的工作特点不同，对应聘者考察的侧重点也有所差异。因此，智慧健康养老服务与管理专业毕业生要清晰地认识到自身的优缺点，既要发现自己的长处，也要看到自己的短板，才能确定哪些职业和岗位适合自己，在求职过程中少走弯路，获得更多的就业机会。

（三）脚踏实地

智慧健康养老服务与管理专业毕业生的就业选择包括养老机构、医养结合医院、社区日照中心等与老年护理相关的职业，也可以选择与自己所学专业不相关的行业或者自主创业等。但无论从事何种工作，都应从自己的实际情况出发，脚踏实地，切勿好高骛远，定位过高或过低都无益于找到适合的工作。

二、书面求职材料

书面求职是一份写在纸上的"自我形象书面广告"，它以无声的语言起到自我宣传、自我推销和说服招聘单位录用的作用。因此，对于求职者而言，书面求职礼仪是顺利入围面试的敲门砖，写好书面求职材料极其重要。

（一）求职信

一份好的求职信，能在求职者尚未到来之前就给招聘单位留下一个良好的第一印象。求职信和毕业生推荐表、个人简历的写作目的一样，都是为了达到引起招聘方注意的目的，并且获得招聘方的好感和认同，争取面试的机会。

1. 求职信的结构

求职信为书信格式，其结构一般由开头、主体和结尾三部分组成。

（1）开头部分包括称呼和引言。称呼一般是姓氏加职衔或官衔，一般以其最高的职务或者职称来称呼。引言必须写得精彩和真诚，因为引言的作用是吸引招聘方看完你的材料，引导对方自然而然地进入你所突出的正题而不感到突然。

（2）主体部分是求职信的重点，要简洁而有针对性地概述自己的情况，突出自己的长处和优势，使对方认为你的各方面情况与招聘岗位要求、特点相符合。主体部分一般包括如下内容。

① 简述你的主要求职资格、阅历、个人的兴趣和爱好等。
② 表述你具备的教育资历、工作经验和个人素质。
③ 提供你取得的重要成就，来证明你所阐述的资格和能力。
④ 重申你的求职动机，简要地说明你对未来的设想。

（3）结尾部分要令人回味而记忆深刻，把自己想得到工作机会的迫切心情表达出来，以恰当恳切的方式请求安排面谈。内容要简明扼要，语气要诚恳、有礼貌。最后向对方表示感谢。

2. 撰写求职信的一般礼仪原则

撰写求职信的一般礼仪原则包括内容、用词、结构、字体等方面。

（1）内容详细、有深度：求职信要比简历更详细、更有深度。特别是在个人评价部分要总结性地提出自己的关键优势，并在求职意向中阐述自己对这份工作的慎重考虑和渴望。

（2）简明扼要地总结自己最独特的"卖点"：求职信必须如实描述自己受教育的经历、工作经历和获得的各种成绩、荣誉等。要撰写一份受人青睐的求职信，就必须突出个人的能力和优势，例如成绩优秀、沟通能力强等。

（3）用词得当：求职信不仅用词要准确、通顺，而且绝对不能出现错别字、语法和标点符号方面的低级错误，也不能有涂改的痕迹，以免给人留下不严肃、草率马虎的不良印象。书写时不要矫揉造作，故意堆砌华丽的辞藻，以免给人留下浮夸的印象。

（4）结构严谨：求职信的内容要重点突出，条理清晰，避免长句和长段落。

（5）字体规范：如果你有一手好的钢笔字，应该手写求职信，突出你的优点，否则必须用打印机打印。排版时注意选择字体、字号，一般使用宋体或者楷体，标题行用三号字，正文用小四号。

【求职信示例】

尊敬的××养老机构院长：

您好！首先，衷心感谢您能在百忙之中惠阅我的自荐信和个人简历，为一位满腔热情的大学生开启一扇希望之门！

我叫×××，是来自××职业技术学院智慧健康养老服务与管理专业××届的应届毕业生。即将走出大学校园的我，怀着对未来的美好憧憬和对贵院的无限向往，特向贵院呈上我的自荐信。我很平凡，但不甘于平庸，我乐观自信、上进心强、爱好广泛、为人和善，能够很好地处理人际关系，并且有很强的责任心和使命感。三年的刻苦努力学习和锻炼，使我树立了正确的人生观、价值观，形成了不屈不挠的性格。在全面推行素质教育的今天，我也特别注重在认真学习好专业课的同时，充分利用课余时间，拓宽知识视野，完善知识结构，积极参加各项集体活动。这一切都得到了上级领导、老师及同学们的高度好评，也使自己各方面的综合素质和能力得到了相应的提高和完善。在竞争日益激烈的今天，我坚信只有多层次、全方位发展，并熟练掌握专业知识的人才，才符合社会发展的需要和用人单位的需求。

我在××养老院实习期间，在各科室老师的带领下，认真学习，严格要求自己，将理论运用于实践，出色地完成了各科室应完成的实习任务。在此期间，我得到了老年人的信赖及带教老师的好评。同时我也深刻地体会到"爱心、细心、耐心和责任心"对老年人的重要性，并且对一般养老机构各科室的工作都有了一定的工作经验。

在大学的三年中，我以优异的成绩拿到了毕业证，同时也取得了"1+X"老年照护技能等级中级证书、英语四级证书、计算机二级证书。普通的院校、普通的我却拥有一颗不甘于平凡的心。面对新的人生选择和挑战，我充满信心。我要在新的起点，新的层次，以新的姿态展现新的风貌，书写新的纪录，创造新的成绩。

尽管在众多求职者中，我不一定是最优秀的，但我仍然很自信，因为我拥有不懈奋斗的精神、踏实肯干的作风和吃苦耐劳的品质。小草欣沃，得益于沃土；幼鹏展翅，尚需海阔天空。给我一个机会，还您一份满意，殷切希望我能与贵院达成协议，为贵院的发展贡献一份力量。如蒙您的栽培,不胜荣幸,我将竭尽全力,用自己的实际行动去证明您的眼光。

最后,真诚地感谢贵院领导能阅读完我的自荐信!祝贵院宏图事业蒸蒸日上!恭候您的佳音!

此致

敬礼!

求职人:×××

××××年××月××日

(二)毕业生推荐表

毕业生推荐表是毕业生向用人单位介绍自己基本情况的书面材料,是用人单位录用毕业生时十分重要的参考依据。目前很多学校在学生毕业时会发放学校统一印制的毕业生就业推荐表,毕业生领取后需在认真、如实填写就业推荐表相关事项后上交至毕业生所在院系;院系就业科审查核对后,填写推荐意见并加盖院系公章,交到学校学生就业指导与服务中心;学校学生就业指导与服务中心统一出具推荐意见并加盖公章。

1. 填写毕业生推荐表

填表前必须认真阅读并逐一明确填写须知,先按各栏目内容分别在草稿纸上打好草稿,修改满意后再用黑色签字笔工整地抄到正式的表格中。

2. 填写的注意事项

推荐表的内容要如实填写,不可弄虚作假。成绩单不可以有任何涂改,特长描述不可夸张,不要把爱好写成特长;词句要准确、通顺,避免逻辑混乱。

(三)简历

求职简历是求职者向招聘单位进行自我推销的商业性文件,在一定程度上代表着个人形象,它简明扼要地介绍了求职者在一定时期内的重要阅历,包括个人学历、经历、特长及其他有关情况等。一份精心设计和编排的个人简历好比是产品的广告和说明书,既要在短短的篇幅中把自己和其他竞争者区分开来,又要切实地把求职者的价值充分地表现出来,遵从事实而不过分渲染,才可以引起招聘方的关注和重视。

1. 内容

简历的内容主要包括求职者的姓名、性别、年龄、籍贯、学历、政治面貌、身体状况、毕业院校及所学专业、家庭地址、联系电话、电子邮箱、工作经历(应届生可以省略该项)、特长、获奖情况、自我评价和家庭情况。

2. 排列

根据应聘目标,求职者需要适当地调整简历内容。

(1)采用时间倒序,侧重于现在的工作:这种简历格式适用于在本领域内晋升或者竞聘更高层次职位的求职者。个人的评价和能力总结部分,要简洁地介绍当前的工作及职位,突出与竞聘职位直接相关的要点。

（2）采用时间顺序，侧重于能力和资质证书：这种简历格式适用于工作经验有限的求职者。这类求职者可以把更多篇幅放在个人评价和能力总结上，以掩盖工作经验有限的缺点。

（3）总结型简历：这种简历格式适用于曾经在若干个专业岗位上工作了一段时间后，首次寻求在综合部门工作的求职者。编写简历时为了更好地推荐自己，可强调自己曾在不同的岗位从事过各种工作。总结型简历一般采用时间顺序来编写。

（4）功能型简历：这种简历格式适用于转换职业方向的求职者。编写时可先从多方面总结自己现任职位的业绩，然后提供资格认证、受教育情况及与应聘岗位相关的信息。

（四）准备相关证明材料的礼仪

求职者还需要准备好能反映成绩和能力的各种支撑资料，附在求职信和简历后面，包括毕业证、学位证、成绩单、各种获奖证书及资格认证等复印件，原件在面试时再当面呈交招聘单位审核。对于应届毕业生来说，这些材料可以增强个人求职信的可信度。而有些毕业生抱着侥幸心理去涂改成绩、造假证书、虚构工作经历、冒充学生干部等，这些行为一旦被发现，不仅是对招聘单位的不尊重，更是对自己人格的侮辱，因为诚信几乎是所有用人单位最为重视的品质。

▌立德树人

诚信者，天下之结也

中国古人说："诚信者，天下之结也。"就是说诚信是结交天下的根本。中国将坚持对外开放的基本国策，发挥超大规模市场优势和内需潜力，着力推动规则、规制、管理、标准等制度型开放，不断加大知识产权保护力度，持续打造市场化、法治化、国际化营商环境，为中外企业提供公平公正的市场秩序。我相信，中国发展将为各国带来更多新机遇，为世界经济注入更多新动能。

——2021年10月30日，习近平总书记在二十国集团领导人第十六次峰会第一阶段会议上的讲话

资料来源：https://www.xuexi.cn/lgpage/detail/index.html?id=1322137460425037 8056&item_id=1322137460425037 8056。

三、面试模拟训练

面试中部分求职者由于紧张、恐惧、过于拘谨而表现不足，特别是对于容易出现怯场和心理素质较差的求职者，做好模拟训练是非常有必要的。求职者模拟训练的方式主要有对镜练习和角色扮演两种。

（一）对镜练习

面试前可以对着镜子大声练习自我介绍，观察自己在镜子中的神态是否自然、笑容是否亲切，同时关注语言表达是否流畅。

（二）角色扮演

求职者可以让家人或朋友扮演面试考官，并准备一些面试中面试考官有可能提到的问题，再请一位朋友使用像素较高的智能手机全程拍摄视频；从敲门进入面试室，到自我介绍、回答问题等，直至面试结束，一一体验面试的气氛。角色扮演结束后可以让家人或朋友帮忙指出存在的问题，也可以反复观看视频，从表情、举止、语言等各个角度查找不足之处。

不管是哪种训练，一旦发现存在问题，一定要反复练习、想办法纠正，以便在正式面试中展示最佳状态。

第二节 面试礼仪

如果接到了招聘单位的面试邀请，就说明自己初选合格了，已经向求职成功前进了一步。面试是在一种特定场景下，经过精心设计，通过招聘单位与求职者双方面对面的观察、交谈等双向沟通方式，由表及里地测评求职者的知识、能力、经验等基本素质的人员筛选方式。面试礼仪是在整个面试过程中求职者所要遵守的行为准则和礼仪规范。

一、面试前礼仪

在招聘面试中，招聘方主要考察的是求职者的专业知识水平、操作技能、逻辑思维能力、语言表达能力、仪表风度及气质修养等。因此，如果求职者希望在短暂的面试时间里更充分地展示自己，就需要在面试前做好各种准备。

（一）调整好心态和情绪

当接到招聘单位的面试邀请时，要做好接受各种考验的心理准备，不管是为了谋求工作，还是为下一次面试积累经验，都应以积极的心态去迎接挑战。在应聘过程中，求职者需要扮演双重角色，既要接受提问和考察，同时又要积极主动地争取自我表现。这就导致很多求职者始终处于一种努力想表现自己却又不知该如何表现自己的压力状态，这种压力一旦没有处理好，就有可能因缺乏自信、过于拘谨而表现不好，也可能因为表现欲望太强，影响了面试成绩。因此，在求职应聘中保持良好的心态是非常重要的。

💡 知识链接

克服恐惧和紧张心理的方法

（1）坚定人与人在人格上平等的认识，增加勇气，建立与对方平等的互动关系。

（2）提升自身形象，如通过服饰、仪容等形象设计，提高自信心。

（3）设想面试中可能会提出的问题，事先早做准备，做到"心中有数"。

（4）在面试前或面试过程中做几次深呼吸，平复忐忑的心情，缓解心理压力。

（5）放宽心态，不要把一次面试看得太重，只要从容地回答每个问题，尽力了就应该满足。

（二）适当了解招聘单位的基本信息

在面试前，求职者应该通过各种渠道，充分了解和掌握招聘单位的性质、背景与历史、组织文化、发展前景等信息，并对应聘岗位的职责、所需要人员的素质、专业知识和技能等相关信息有一个全面的了解。在面试过程中，如果能结合招聘单位的信息回答问题，就更能表现出你对本次面试的诚意，无形当中得到加分。需要注意的是，收集到的信息必须是准确无误的，否则适得其反。

（三）面试服装和仪容的准备

古希腊哲学家亚里士多德曾经说过："美观是最好的自荐信。"现代心理学研究表明，一个人的外观可以对应聘就业产生直接的影响。求职者面试前必须对自己的仪容仪表进行精心的设计，不管是着装还是妆容都必须得体规范，争取在面试时给招聘单位留下良好的第一印象。良好的第一印象可以为后续的面试带来积极的影响，研究表明，如果给面试考官留下良好的第一印象，面试考官就会在后续的面试中主动寻找求职者的优点，反之则会寻找求职者的缺点。端庄的仪表不仅体现求职者朝气蓬勃的精神面貌，还可以体现求职者的诚意及个人修养。

1. 服装

选择服装的款式、质地、色彩等均能反映出一个人的性格特征、知识水平和审美观。

（1）准备面试着装的基本原则。

① 着装要整洁，整洁的程度代表了求职者对这个单位、这份工作的重视程度。

② 着装要合体、简单大方、礼节性强，并与年龄、身份、个性相协调，与应聘的职业岗位相一致。

③ 面试的着装一定要先试穿，这样在面试过程中才会更加自然、得体。

④ 女性求职者适宜穿着套装、套裙、皮鞋（图5-1）。

⑤ 男性求职者适宜穿着深色的西装，搭配适宜的衬衣、领带、皮鞋、深色的袜子。

⑥ 西装要平整，衬衣要干净，皮鞋要擦亮。

（2）面试着装禁忌。

① 不宜过于追求时髦。

② 不要穿着透视、露肩、低胸、露腰的服装。

图5-1　面试着装

③ 不要穿过于随意的服装，例如牛仔裤、超短裤、超短裙等。

④ 鞋子不能选择拖鞋、过高的高跟鞋等。

⑤ 不要光腿穿鞋，必须穿着和服装相搭配的袜子。

⑥ 尽量不要佩戴首饰。

2. 仪容

求职者的妆容以清新、淡雅、自然为宜，因此在面试前除了在本教材第二章中关于仪容仪表的描述之外，还需要特别注意以下三个方面。

（1）求职者的妆容：求职者化妆时，眼影选择浅咖啡色或者粉色可以让眼神看起来比较温柔，不宜使用黑色；画眼线宜细不宜粗；眉毛不宜画得太浓；腮红要和面部肤色自然过渡；口红要选择鲜艳度低的颜色。

（2）求职者的发型要求：求职者不宜染发、烫发。女性求职者头发如果较长，应盘起或者扎成马尾；短发者应梳理整齐。男性求职者不宜留长发和胡子，头发也要梳理整齐。

（3）求职者的个人卫生：求职者面试前应沐浴更衣，确保体味清新；同时注意保持口腔卫生，不要进食大蒜、葱、韭菜等刺激性食物；面试前应修剪指甲，不要涂抹指甲油和喷香水。

二、面试中礼仪

在面试过程中，求职者要注重个人礼仪修养，处处遵循礼仪规范，一个人的礼仪在一定程度上也能展现其自身的内涵。求职者在面试过程中的各种言行举止，都会被目光犀利的面试考官所注意，并将之与个体的素质、性格特质相联系，教养体现于细节，细节展示素质。因此，在面试中要格外注意细节之处的礼仪。

面试中端庄的仪表、优雅的仪态，让你在尊重他人的同时，也能赢得他人对你的尊重，使你在众多求职者中脱颖而出。亲切的笑容、柔美的声音、富有节奏的谈吐、端庄优雅的举止，不仅可以表现出求职者良好的内在修养，还可以表现出对面试考官的尊重和友好，帮助求职者在面试中取得好成绩，赢得招聘单位的信任。

（一）遵守应试礼仪

1. 守时

守时是一种美德，也是一个人良好素质和修养的表现。迟到会给人言而无信、缺乏责任心和无组织无纪律的印象；过早到达面试地点，又会给人很焦虑而不自在的感觉，还可能打乱招聘单位的工作计划。面试之前应了解面试地点所处的位置及需要乘坐的交通工具和路线。如果路程较远，可提前半个小时甚至一个小时到达面试地点附近，因为多数城市普遍存在路上堵车的情形。如果是在陌生的城市求职面试，应提前一天到达面试城市。如果居住的酒店离面试地点比较远，地理位置也比较复杂，不妨先跑一趟，熟悉交通线路、地形。提前到达面试地点附近后，在平复自己紧张情绪的同时，可以找一个有镜子的卫生间，检查自己的仪容仪表是否得体，如果发现不妥之处要及时补救，例如发型被弄乱、长腿丝袜被勾丝等。离面试约定时间还有15分钟时再步入面试地点。

如果确有原因不能赴约，应及时告诉招聘单位并表示歉意，另约时间。万一迟到，要诚恳地说明原因，例如"对不起，路上堵车太厉害"，这也是必备的礼仪。

2. 等候面试礼仪

求职者在等候面试的过程中，对候试室或者面试室门口的接待人员同样要以礼相待，注意细节,恰当地表达礼貌,使用"请""谢谢""麻烦您"等礼貌用语。不管是把简历递给工作人员,还是接过面试材料,均应按礼仪规范使用双手。对于接待人员的提问应礼貌地给予回应,但是不可贸然攀谈,打听面试消息。在候试室应把手机调成静音状态,不要肆无忌惮地大声接打电话而影响到他人,也不要和其他的求职者大声说笑。在候试过程中如果需要上卫生间,应先询问工作人员面试次序,以免轮到自己面试时缺席。

3. 入室礼仪

如果没有人通知,即使前面的一位求职者已经面试结束,也应该在门外耐心等候,不要擅自走进面试室。当叫到自己的名字时,首先有力地回答一声"是"或"到",并深呼吸一次,再敲门进去。即使面试室的门虚掩,也要用指关节轻叩门2～3下,动作要轻而干脆,然后询问"可以进来了吗?"得到允许后再轻轻推门进去,进门后不要在身后随手关门,应先侧身对着门,再轻轻将门关上(图5-2)。

4. 主动问候

进门后,求职者应主动向面试考官微笑并点头致意。如果有多位考官,应先环视各位考官,再礼貌问候,并配以15°的鞠躬。

图 5-2　侧身关门

5. 自我介绍礼仪

自我介绍是求职面试中相互了解的基本方式,求职者作自我介绍时应注意以下几点。

(1)在模拟训练时应把事先拟好的讲稿背熟,同时配合演讲技巧,使面试考官听了之后既能留下深刻的印象,又能因为求职者的表现产生愉悦的心情。

(2)自我介绍时要充满自信、落落大方、态度诚恳。

(3)幽默风趣的语言能缓解面试紧张的氛围,并加深考官的印象。

(4)介绍时要语气平和,目光亲切。

(5)介绍的内容要针对应聘岗位的相关内容来进行。

(二)面试中的体态礼仪

美国著名心理学家艾伯特·梅拉比安提出了"55387法则",即信息的全部表达=55%视觉信息+38%听觉信息+7%语言信息,这说明55%的信息传递是通过能看到的体态语言来进行的。在面试中,求职者不仅通过语言与面试考官交流信息,面部表情、身体姿势、手势和动作等体态语言也能传递信息。细节决定成败,求职者在面试过程中,要时刻注意自己的言谈举止,力求通过体态语言充分展现自己的修养品位和良好形象,做到热情、举止优雅、大方得体、端庄,要让考官感受到自己一定能够胜任工作的自信心和干练的作风,从而获得成功的第一步。

1. 充满自信

求职者面试时由于心理紧张,容易出现畏畏缩缩、坐立不安、举止呆板,或者大大唎唎、不拘小节、举止粗鲁的状况，这些都会直接影响面试的结果。要想避免出现这些不良表现，首先要从心态上进行调整，只有自信了，才能把真实的自己自然地表现出来。

2. 从容自然

在整个面试过程中，要始终保持自然良好的状态，彬彬有礼、大方得体、不卑不亢，也不要过分殷勤、拘谨或谦让。表情要专注、自然坦诚，不可露出乞求的神情。谈到工作时，应该认真专注地和考官交流，不可嬉皮笑脸。

3. 握手

如果面试考官没有主动伸出手，求职者不应主动伸出手来要求握手。一旦面试官伸手要和你握手的话，应马上迎上去和对方握手。握手时，要适当用力，以显示你的诚意。

4. 站姿

在没有得到面试考官坐下的示意时，求职者应保持优雅的站立姿势，规范的站姿可以让面试考官看到你饱满的精神和真诚的态度。如果面试室未给求职者设立座位，需要站立答题时，切忌在答题过程中出现把手插到衣服口袋中、双手抱胸、单腿或双腿抖动及晃动身体等不良站姿。

5. 坐姿

面试考官示意入座时，应先表示感谢，再坐到指定的位置。坐姿要端庄，入座时动作要轻而缓，只坐椅子的 2/3，背部不倚靠椅背，身体稍微前倾，上身保持直立，两腿平放，不可跷起二郎腿或者不断晃荡两脚。男性求职者双腿可稍稍分开，给人以自信、豁达之感；女性求职者应优雅地平稳入座、并拢双膝，双手放在大腿上，挺胸抬头，给人以端正之感。

6. 用微笑表现优雅

人的面部表情能够传递丰富的内心情感，是修养的外露，是优雅气质的显示。微笑是化解僵持气氛、消除彼此芥蒂的工具之一，求职者面带微笑有利于掌握主动，把握机会。面试中如果面带微笑会增进与面试考官的沟通，缩短求职者和面试考官的心理距离。在整个面试过程中，都要保持微笑，如果板着面孔、苦着一张脸，面试考官对求职者的印象将大打折扣。

7. 眼神的交流

面试过程中，求职者要有礼貌地注视面试考官，目光平和而有神；如果有几位面试考官，不能只注视主考官，也要适当地和其他面试考官有眼神的交流，以表示尊重。面试时，要保证在至少 70% 的时间内两眼注视面试考官，不可游离不定，显得不知所措；也不能东张西望，毫不在意。求职者长时间注视面试官的眼睛可能会感到紧张，可以把目光调整到正视对方脸部由双眼底线和前额构成的三角区域，或者可以扩大到双肩和前额构成的三角区域，这些区域给对方的感觉都是在正视眼睛。答题之前略微思考问题时，可以把视线投在对方背面墙上几秒钟，回答问题时应该把视线收回来。不能双眼注视地板，这样会给人不自信的印象；也不能两眼上翻看着天花板，一个人自言自语地回答或无视考官要求一直说。

8. 恰当的手势

面试中回答问题时配合一定的手势，可以加大对某个问题的形容和力度，即适当的手势可以增强说服力。但频繁的手势会让人眼花缭乱、分散注意力。面试时，有些求职者过于紧张，双手乱放；有些则过于兴奋，舞动双手，这都是不可取的。另外，面试时不可玩弄手中的笔，也不要抓耳挠腮、摸头发、捂嘴说话等，这样显得紧张、不成熟，而且无法专注于交谈。

（三）面试中的沟通礼仪

沟通礼仪也称言谈礼仪，是指人们在交流过程中运用语言时应遵循的礼仪规范。其目的是通过传递尊重、友善、平等的信息，为对方或他人带来美的享受，从而影响对方，让其接受自己的观点、思想和理念。在互相理解、协调及适用的过程中，实现和谐的人际关系，以完善和提升个人或者组织的形象。言谈礼仪体现的是一个人的内涵与修养，恰当的谈吐是成功的一半。言谈不仅要让对方听清楚，更重要的是要让对方听明白，赏心悦目则是更高层次的要求。

1. 自谦有礼

面试过程中要注意语速和音量，根据谈话内容的变化对其进行适当的调整。音量要适宜，声音太大会让人反感，声音太小会让人听不清楚。语速也要适中，让每个面试考官都能听清你的回答，语速过快会让对方听不清楚，语速过慢则会给人漫不经心的感觉，都达不到理想的效果。语言要文明，称呼招聘单位时要用第二人称的尊称，例如"贵院""贵公司"等。必要时可以适当使用一些专业术语，让对方感觉到求职者具有良好的专业素质和个人修养，但是要避免夸夸其谈。对于不懂或者不清楚的问题，不要不懂装懂，应诚恳地承认自己的不足。例如，"不好意思，这个问题我思考了一下，还是没能理出头绪，请老师指教！"或者是："非常惭愧，这个问题我一下子想不起来，但是我回去后一定想办法弄清楚！"此时注意不能理直气壮地回答："我不知道！"

2. 文雅大方

求职者回答问题时，表现要从容镇定、温文尔雅、有问必答、谦虚诚恳，对于一时回答不出的问题，不要一言不发，可以从题外话中缓冲一下，同时迅速思考答案。如果确实想不出答案，可以先回答自己所了解的，然后坦率承认其中有些细节还没考虑好。这种时候，面试考官可能关注的不是问题答案本身，而是求职者解决问题的过程。

3. 认真倾听

认真倾听是语言沟通中的重要技巧之一。面试过程中，当面试考官提问或者介绍情况时，求职者应仔细聆听并抓住对方主要的谈话内容，配合点头或者巧妙插入简单的话语，赢得面试考官的好感。例如，"是的""您说得对"等。这样可以提高面试考官的谈话兴趣，从而使自己获得更多的信息。

4. 善于思考

求职者在回答面试考官所提出的问题之前，要在自己的脑海将问题思考、梳理一遍，如果有些问题还没想清楚，应该绕开话题，不讲或者少讲，切勿信口开河、文不对题、词不达意，尤其是面试考官要求就某个问题发表个人见解时，更要慎重发言。

5. 突出重点

求职者在回答面试考官所提出的问题时要突出重点，对于招聘单位感兴趣的话题可以多讲，不感兴趣的地方少讲或者不讲，简单的问题边问边答，复杂的问题边思考边回答，让面试考官感觉到求职者既反应灵敏又很有想法。

6. 称赞要恰当得体

称赞可以起到润滑的作用，对对方适当地称赞有助于拉近双方的距离。但要注意把握时机，称赞要自然大方、恰当得体，不要夸大其词、阿谀奉承，让别人感到虚假或者受不了，这样反而会适得其反，达不到预想的效果。

7. 面试谈话禁忌

（1）求职者不要只谈自己，比如"我"的才能，"我"的看法，"我"的要求，等等。只谈"我"而不谈面试考官、招聘单位，这是一种失策，很容易让别人认为你是自我中心主义者而产生厌恶。同时，要留心观察面试考官的反应，看考官是否对自己所谈的内容感兴趣，以便切题或及时转移话题和内容。

（2）在语言交流中，切忌任意打断对方的谈话。如果双方都边说边听，可能会造成双方都听不清楚、说不痛快的结果。自己既没有得到足够的礼遇，也没有给予对方足够的尊重。在面试中，不要抢别人的话头，要等面试考官说完了再作回应，随意插话是极不礼貌的行为。

（四）告别礼仪

1. 适时结束

面试有适当的时间限制，谈话时间的长短要视面试内容而定。通常，当主考官说"感谢你来面试""今天就谈到这里""谢谢你对我们招聘工作的关心，我们一旦作出决定，就会立即通知你"等话语时，意味着面试结束。此时求职者应面带微笑表示感谢，与面试考官道别，离开房间时轻轻带上门。出场时也要向接待人员道谢、告辞。

2. 保持风度

求职者在面试的整个过程中都要保持镇静的情绪，特别是获知求职失败之后，更应该注意维持自身的最佳风度，控制好情绪，不要给人垂头丧气的感觉。在获知自己未被录取时，求职者仍要面带微笑，与面试官握手告别，保持最后的礼节，做到有始有终。有些时候，或许正是因为你最后的礼节打动了面试官，扭转了面试结果。因此，面试中的每个阶段都有可能成为决定应聘结果的重要因素。

三、面试后礼仪

许多求职者只留意面试时的礼仪，而忽略了面试后的礼仪。事实上，面试后的礼仪不仅能体现对对方的尊重，也会使面试考官在做决定时加深对你的印象。因此，面试后的礼仪是十分重要的，它会增加求职成功的可能性。

（一）表示感谢

求职者可在面试结束后的当天或一两天之后，通过感谢信、电话、短信及当面等方式对招聘单位表示感谢。内容一般是对招聘单位为自己提供的面试机会、面试付出的时间和精力、面试中自身获得的经验等表示感谢。

1. 写感谢信

面试结束后，求职者可以向招聘单位写封感谢信以表示感谢，但感谢信必须简洁。

2. 当面致谢

面试结束后，求职者可以直接到招聘单位，对相关部门的人员表示感谢。

3. 电话致谢

面试结束后，求职者可以向招聘单位打电话表示感谢，但要注意通话时间不宜过长。

4. 短信致谢

面试结束后，求职者可以向招聘单位中负责招聘的相关人员发短信表示感谢。

不管选择哪一种方式表达感谢，一定要先感谢对方给予你面试的机会，同时要重申你对该单位、该职位的兴趣，尽量修正你可能留给面试考官的不良印象，并表示渴望有机会能为招聘单位的发展壮大作出贡献。看似简单的感谢，却能增加一定的竞争力。

（二）在恰当的时间内打听面试结果

面试结束后不宜过早向招聘单位询问面试结果，一定要耐心等候消息。一般情况下，面试成绩出来后，人力资源部负责人及单位领导要一起讨论，综合评定哪位求职者最符合本单位的招聘要求，因此需要一段时间。过于迫切的心情可能会破坏求职者在对方心中已有的良好印象。如果超过约定时间，没有收到对方的通知，就应该打电话或写邮件询问是否已经作出了决定。在等待结果期间最好不要出远门，要保持手机的通畅，注意接听电话和及时查看电子邮箱，以免错过再次面试的通知或者上岗时不能及时赶到。

（三）做好再次冲刺的思想准备

面试后，及时地总结经验是非常重要的。即使落选了，也不要气馁，要调整好心情，明确努力方向，做好再次冲刺的思想准备。关键是从失败中总结经验教训，为下一次面试做准备。求职者应该虚心地向招聘单位请教自己有哪些欠缺，以便今后不断进行自我完善。

习题

1. 面试前应精心准备着装，以下女士求职面试时的着装适合的是（　　）。
   A. 运动服　　　　B. 休闲服　　　　C. 时装
   D. 西装套裙　　　E. 牛仔裤

2. 身高偏矮的女士求职面试时的鞋子可选择（　　）。
   A. 凉鞋　　　　　B. 中跟皮鞋　　　C. 平跟皮鞋
   D. 休闲鞋　　　　E. 细高跟皮鞋

3. 面试时应注意仪态礼仪的表现，其中不恰当的是（　　）。
   A. 始终保持比较自然良好的状态
   B. 充满自信
   C. 如果面试官伸手要和你握手，应马上迎上去
   D. 热情推荐自己
   E. 待考官示意入座时，应先表示感谢，再坐到指定位置

4. 参加面试要准时赴约，到达面试地点应提前（　　）分钟。
   A. 5　　　　　　B. 40　　　　　　C. 10～15
   D. 30　　　　　E. 5～10

5. 面试答题之前略微思考问题时，可将视线（　　）。
   A. 一直扫视各位考官　　　　B. 投在首席面试官脸上
   C. 投在天花板上　　　　　　D. 投在对面背景墙上
   E. 投在自己的座位前方

6. 在面试中要对细节之处多加留心，下列做法正确的是（　　）。
   A. 热情地向其他面试者打招呼，并与他们交谈以获得对面试公司的看法和意见
   B. 当听到自己的名字被叫时，直接进入面试室
   C. 先和公司领导去打个招呼，混个脸熟
   D. 径直走到面试候场区域，安静等待面试
   E. 尽量多询问几位工作人员，向他们了解面试公司的具体情况

7. 小王是一名高职院校的学生，实习结束后，忙于求职应聘。在求职准备阶段，他的工作主要包括预备个人资料及（　　）。
   A. 撰写求职信　　　B. 自我形象设计　　C. 准备合适的服装
   D. 设计个人简历　　E. 与用人单位的领导打招呼，求关照

8. 对于求职者参加面试时的礼仪，下列描述不妥当的是（　　）。
   A. 不做空洞的慷慨陈词　　　B. 要善于打破沉默
   C. 要有比较明确的职业发展规划　　D. 主动与面试官"套近乎"
   E. 面试时，回答流畅，语速适中

9. 面试结束后应注意的礼仪环节，不恰当的是（　　）。
   A. 关注其他面试者动态　　　　　B. 在恰当的时间内打听面试结果
   C. 电话咨询结果　　　　　　　　D. 录用心理调适
   E. 递寄感谢信函

（10～12题共用题干）

王××，男，是一名智慧健康养老服务与管理专业的毕业生，在接到养老机构的面试通知后非常兴奋，他精心地进行准备，选了一套正规的职业装，信心十足地去面试。当他进入面试房间时，面试考官的目光都集中在他的脚上，他这才意识到自己的鞋还没来得及打理。

10. 他在求职面试前的心理定位需要思考一系列问题，其中不包括（　　）。
    A. 求职定位　　　　　　　　　　B. 薪酬福利待遇
    C. 岗位热衷度　　　　　　　　　D. 晋升计划表
    E. 了解招聘单位、职位的有关信息，明确自己能否胜任

11. 面试前的准备工作包括仪容仪表准备、心理准备、业务准备及（　　）。
    A. 材料准备　　　　　　　　　　B. 单位情况了解
    C. 说辞准备　　　　　　　　　　D. 自我介绍准备
    E. 调整好心态和情绪

12. 求职面试时的业务准备包括：用人单位信息、应聘岗位信息及工作设想、求职简历、个人作品及原材料准备，以及（　　）。
    A. 个人形象包装准备　　　　　　B. 自我介绍准备
    C. 礼仪规范准备　　　　　　　　D. 应聘岗位相关专业知识及技能准备
    E. 心态准备

第六章

人际沟通概述

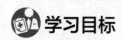 学习目标

知识目标
(1) 了解沟通、人际沟通、人际关系的概念。
(2) 能够描述沟通的基本要素及类型。
(3) 熟悉人际关系的特点。
(4) 能够列出人际沟通与人际关系的影响因素。
(5) 能够阐述建立良好人际沟通、人际关系的策略。

能力目标
(1) 能够运用人际沟通理论培养良好的人际交往能力,并将其应用于老年照护工作。
(2) 能够运用人际沟通理念,在老年照护工作中与老年人建立和谐的人际关系。

素质目标
(1) 通过人际沟通知识的学习,培养学生关心、关爱老人的理念。
(2) 通过人际沟通实践培养学生严谨、认真的工作作风及与人合作的能力。

老年人经历过各种各样的生活事件和家庭角色的变化,他们的性格特征存在巨大差异,具备良好的人际关系及沟通能力是优秀的老年服务人才在竞争中立于不败之地的关键。了解人类社会实践中的人际关系和人际沟通规律,熟悉人与人相处的原则和方法,对于提高老年服务人员人际交往和沟通能力、增强老年服务人员的专业素质具有十分重要的意义。

案例

小陈是一名即将毕业的老年护理专业学生,她报名了一家医养结合养老机构的护理岗位,并通过了理论和操作考试,顺利进入面试环节。在面试即将结束时,她说:"本人是以最诚挚的心意来应聘贵单位老年保健科护士岗位的,希望将来规培毕业后能得到这个岗位。我很欣赏贵单位的管理方式,它严谨而人性化,始终尊重人才。我希望贵单位能认真地考虑我的建议。"昨天,小陈得到消息,她落选了。

问题思考:

(1) 小王为什么落选?

(2) 影响人际沟通的因素有哪些?

第一节 沟通概述

沟通是人在社会交往中必须具备的一项最基本技能,是人与人之间交往的工具和手段,是人们适应环境、适应社会的必要条件。人际沟通有助于传递信息、交流思想感情,可以对别人产生影响,也可以对自己的行为进行调节。老年人随着社会角色的转换及生理功能的退化,在生理和心理方面均存在着特殊需求,作为老年服务人员,要充分考虑老年人的生理、心理特点,掌握和运用人际沟通技巧与老年人进行真诚、有效的沟通。因此,良好的人际沟通能力是每一位老年服务人员都应具备的基本素质。

一、沟通的基本要素

(一)沟通与人际沟通的概念

1. 沟通

关于沟通的定义至今仍无科学定论,许多学者对此进行了描述。汉语中"沟通"一词的本义是指开沟使两水相通,后引申为彼此联通、相通。

《大英百科全书》对沟通的解释是"用任何方法,彼此交换信息,即一个人与另一个人之间用视觉、符号、电话、电报、收音机、电视等工具作为媒介,所从事的交换信息的办法"。

英国行为学家波特(Potter)认为,"沟通是指在社会环境的语言和非语言行为,它包括所有的被人们用来发出和接收信息的符号和线索。"此外,沟通还可以被定义为"人与人之间相互影响和分享信息的过程""两个或两个以上的人之间交换思想、信息""从一个人传递到另一个人的过程,以及分享或传递感情的过程"等。

但总体来说,沟通可以解释为,沟通是信息发送者遵循一系列共同规则,凭借一定媒介将信息发给信息接收者,并通过反馈以达到理解的过程。沟通的结果不但使双方能相互影响，并且能使双方建立起一定的关系。

2. 人际沟通

人际沟通是沟通领域中的一个方面，专指人与人之间进行信息交流和传递，包括人们运用语言与非语言符号系统来交流思想、观念、动作、情感、需要等信息的过程。

（二）沟通的基本要素

沟通是一种动态的、多维的复杂过程，主要由信息发出者、信息、信息传递途径、信息接收者、信息反馈、沟通背景六大要素组成。沟通过程及其构成要素关系图如图6-1所示。

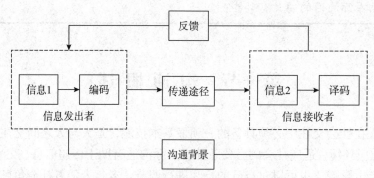

图 6-1　沟通过程及其构成要素关系图

1. 信息发出者

信息发出者是指发出信息，将信息编码进行传递的人，也称信息的来源。信息发出者将自己所要表达的信息（思想、情感、观念等）通过语言文字、符号、表情和动作等形式表达出来。一般来说，信息发出者的文化素质、沟通技巧、人格特质、权威性等都会影响沟通的过程。信息在发出前要经过信息策划和信息编码的过程。

2. 信息

信息是指信息发出者希望传达的思想、感情、意见和观点等具体内容，信息包括语言和非语言的行为，以及这些行为所传递的所有影响。语言的使用、音调及身体语言，例如面部表情、姿势、手势、抚摸、眼神等，都是信息的组成部分。信息必须被转化为各种可以被他人察觉的符号，而且沟通的双方必须理解共同的符号认知规则，具有相近的符号解读能力。例如，照护员小王跟不懂医学的李奶奶说："李奶奶，我需要评估一下你的肌力情况，请您配合一下我可以吗？"李奶奶不懂医学，自然听不懂肌力是什么意思，也就不能很好地配合老年服务人员的操作。如果换成另一种说法："李奶奶，待会儿请您配合我动动手脚，我来看下您的手脚有没有力气，可以吗？"这样李奶奶才能理解，沟通才能继续进行。

3. 信息传递途径

信息传递途径是指信息由一个人传递给另一个人的渠道，也称信道，是信息传递的手段或媒介。在人际沟通过程中，五官感觉均可作为信道发挥媒介作用。例如，面部表情是通过视觉途径传递的,语言是通过听觉途径传递的。在跟老年人交流时,老年服务人员把手放在老年人肩膀上,是使用触觉把关心和安慰传递给老年人的。一般来说,在人际沟通中,信息发出者在传递信息时使用的途径越多,对方越能更多、更快、更好地理解信息内容。例如,在为偏瘫老年人进行穿脱衣训练时,老年服务人员可以在用通俗易懂的语言介绍关键技能点的同时加以演示,并且适时给予老年人鼓励,提升老年人自信心,这样的沟通方式可以达到事半功倍的效果。由此可见,老年服务人员在与老年人沟通中,应尽最大的努力,使用多种沟通途径,使老年人有效地接收信息。

4. 信息接收者

信息接收者是指信息传递的对象,即接收信息的人。信息接收者能否有效接收信息受多种因素的影响,例如接收者的生理因素(视觉、听觉等)、文化程度、情感、态度、价值观等。信息接收更多的是信息解码的过程,即将接收到的信息转换、恢复,用自己的思维方式去理解。只有当信息接收者对信息的理解与信息发出者传递出的信息含义相同或相似时,才能形成有效的沟通。

5. 信息反馈

信息反馈是指信息由信息接收者返回信息发出者的过程,即信息接收者对信息发出者的反应,反馈有利于了解信息是否准确地传递给了信息接收者,以及信息的意义是否被准备理解。在反馈中,原来的信息接收者变成了发出者,原来的信息发出者变成了接收者,因此可以看出,沟通过程是一个双向互动的过程,而不是一个单向、简单的信息传递过程。例如,老年服务人员和老年人聊天,如果老年人说了半天,老年服务人员一点反应都没有,那么老年人就不想继续说了,交谈就会中断。因此,及时的反馈可以保证沟通的有效性和连续性。

6. 沟通背景

沟通背景是指互动发生的场所或环境,它不仅包括物理的场所,也包括每个互动参与者的个人特征,例如情绪、情感、经历、文化背景及知识水平等,这些都是影响沟通的重要因素。

二、沟通的类型

沟通类型的划分标准有很多,分类方法不同,沟通类型也不同。

(一)按组织系统分类

1. 正式沟通

正式沟通是指在一定的组织机构中,通过组织程序,依据明文规定的渠道所进行的信息传递与交流。例如,组织间的公函来往、文件传阅、召开会议、汇报工作、团体访问、下达指示等。正式沟通具有严肃性、约束性、保密性、权威性等优点。重要信息和文件的传达、组织的决策等,一般都采取这种方式。其缺点是,由于依靠组织系统的层层传递,这种沟通方式较为刻板,沟通速度慢。

2. 非正式沟通

非正式沟通是指正式沟通渠道以外的信息交流和传递，是人们以个人身份自由选择沟通渠道进行的人际沟通活动。非正式沟通不受组织监督和约束。例如，老年服务人员私下交换看法、朋友聚会、传播小道消息等都属于非正式沟通。非正式沟通具有灵活性、迅速性、真实性等优点，其形式不拘一格。同正式沟通相比，非正式沟通中人们往往更能表露自己的真实想法、情绪、态度、动机等。非正式沟通是正式沟通的有机补充，管理者常常以正式沟通为主，但是不可忽视非正式沟通渠道的作用。非正式沟通的缺点表现在，其难以控制，传递的信息不确切，易于失真、曲解、混淆视听，而且容易形成小团体、小圈子，影响人心稳定和团体的凝聚力。

（二）按信息载体分类

1. 语言沟通

语言沟通是指以语言文字为媒介实现的沟通，是在一定的社会环境下，人们借助约定俗成的符号系统，在个人和人群之间传递思想、情感、知识、观念和态度等信息的过程，这是一种有效、准确、应用广泛的沟通方式。根据语言的表达形式，语言沟通又可分为口头语言沟通和书面语言沟通两种形式。

（1）口头语言沟通又称交谈，是借助口头语言作为传递信息的工具，包括问诊、病情讨论等形式。口头语言沟通是使用时间最久、范围最广、频率最高的语言交流形式，是书面语言产生和发展的基础。口头语言沟通的优点是传递范围广、速度较快、效果较好、反馈较快；缺点是信息易被曲解、易受到干扰、保留时间短、难做详尽准备。

（2）书面语言沟通是以文字符号为传递信息的工具进行交流的方法。书面语言沟通是对有声语言符号的标注和记录，是口头语言沟通由可听性向可视性的转换。例如，信件、电子邮件、信息、工作小结、照护计划等都属于书面语言沟通。书面语言沟通的优点是不受时空限制、沟通领域扩大、有机会修正、信息较为准确、信息可以长期储存，缺点是信息传递不如口头语言沟通及时、书写较为麻烦、信息接收者对信息的接收与反馈也比较慢。

2. 非语言沟通

非语言沟通是指使用除语言符号以外的各种符号系统进行的信息传递，包括表情、眼神、副语言（音调）、身体语言、人际空间等。例如，老年服务人员在与老年人交谈时，可通过保持目光的接触、时不时地点头等方法传递出自己对老年人交谈内容的关注；老年服务人员轻拍情绪不佳老年人的肩，传递的是关心和安慰。

在沟通中，信息的内容部分往往通过语言来表达，而非语言则可达到"此时无声胜有声"的默契与感悟。虽然非语言符号在人际沟通中起着很大的作用，但是非语言符号系统在使用时具有较大的不确定性，它往往与沟通情境、沟通者的身份、年龄、性别、地位等有关。因为，非语言沟通符号在使用过程中一定要注意内容、条件等因素。一般情况下，非语言沟通与语言沟通往往在效果上是互相补充的。

（三）按沟通有无信息反馈分类

1. 单向沟通

单向沟通是指发送者和接收者两者之间的地位不变（单向传递），信息发出者只发送信息，信息接收者只接收信息的沟通过程。例如，做报告、听广播、看电视、下命令等。单向沟通受众面广，传递速度快，信息发送者的压力小。但是接收者不易进行反馈，不能产生平等的参与感，不利于增加接收者的自信心和责任心，也不利于建立双方的感情。在单向沟通时，信息发出者要考虑信息接收者的接受能力，以及信息发送的完整性和准确性。

2. 双向沟通

在双向沟通中，发送者和接收者两者之间的位置不断交换，沟通双方互为信息的发送者和接收者。发送者以协商和讨论的姿态面对接收者，信息发出以后还需及时听取反馈意见，必要时双方可进行多次重复商谈，直到双方共同明确和满意为止。例如，讨论照护计划、健康指导、病史采集等。双向沟通的信息内容准确，接收者有反馈意见的机会，可以产生平等的参与感，增加自信心和责任心，有助于建立双方的感情。其缺点是信息传递速度慢，所需时间多，容易偏离主题。

（四）按沟通对象数量分类

1. 自我沟通

自我沟通是发生在我们自身内部的沟通，信息的发送行为和接收行为由同一个人来完成，它包括思想情感和自己看待自己的方式，例如自言自语、自我肯定、自我反思。自我沟通可以调节自我情绪，帮助个体更好地处理生活中的挫折和困难。

2. 两人互动沟通

两人互动沟通是指两人之间的沟通，通常是在非正式的不规则环境中进行的。常用的沟通方式有当面沟通、电话沟通、电子邮件沟通（或书面）、短信沟通、微信沟通等。在两人互动沟通的过程中，每个人都表现为既是发送者又是接收者。这种沟通方式提供了更多的反馈机会，减少了内部噪声，沟通双方都更容易发现对方是否正确理解了交流的信息。

3. 团体沟通

团体沟通是指三人或三人以上参加的信息沟通活动。团体沟通可以通过会议、网络等方式进行。团体沟通通常是为了解决某个或者某些问题，因此团体沟通常发生在较为正规的环境中。团体沟通大都以讨论为主，例如小组讨论、头脑风暴、病例讨论等。团体成员也可以通过沟通了解彼此，在具有认同感的基础上形成团结、协作的关系。

4. 公共沟通

公共沟通是指信息发送者（演讲者）向听众发送某种信息（发表演说），是一对多的沟通形式。演讲者通常会传递一种高度结构化的信息，所利用的渠道和人际沟通、团体沟通相同，但更为广泛。因为听众人数更多，所以声音要更大，手势幅度也要更大，演讲者可以利用附加的视听觉渠道，例如幻灯片、扩音器、多媒体等。一般来说，在演说期间听众语言反馈的机会会受到限制，在演讲结束时可能有机会提问，但他们可以有非语言反馈，例如鼓掌。

5. 大众沟通

大众沟通是指利用大众媒介交流信息的过程，像公共场合沟通一样，具有高度结构化的信息和大量的听众，听众数量常常有数百万之多。大众沟通的发出者往往是一个群体。例如，在电视节目中，大众沟通的发出者可以是制片人、编剧、导演、电视制作人员、演员或电视节目需要的其他任何人等。大众沟通和其他种类的沟通的最大不同在于信息发出者和接收者之间几乎没有反馈，即使有，例如写一封信给制片人，其时效性也是无法保证的。反馈的缺乏和延迟会影响信息传递，因此为了让大多数观众能够理解和认可，需要分析观众的接受能力和心理偏好，选择恰当的表达方式和传递时间。

6. 跨文化沟通

跨文化沟通是指两个或两个以上来自不同文化背景的人之间产生的沟通。不同文化背景的人可能有不同的知识体系、价值观、信念、习惯、行为方式和艺术品位等，从而影响他们之间的沟通。如果沟通者没有认识到这一点，他们的沟通目标就很难实现。例如，在沟通语言上，我国对老年人的称呼往往会加上"老"字表示尊重，而西方人则不愿意被称呼"老"，因为他们忌讳"老"，认为自己还没有到老的程度；在非语言沟通上，中国人习惯于用点头表示同意或对，摇头表示不同意或不对，而斯里兰卡、印度、尼泊尔等一些国家或地区，摇头则是表示同意。

三、人际沟通的影响因素及应对策略

（一）人际沟通的影响因素

1. 个人因素

（1）生理因素，包括永久性生理缺陷和暂时性生理不适。永久性生理缺陷包括感官功能不健全和智力发育障碍，例如听力障碍、视力障碍、智力障碍等。永久性生理缺陷者的沟通能力也会受到永久性影响，在与之进行沟通时应选择特殊的沟通方式。暂时性生理不适，例如饥饿、疼痛、疲劳等会暂时影响沟通效果，应在生理不适控制之后再进行有效沟通。

（2）心理因素，包括情绪状态和个性心理两方面。

① 情绪状态是一种主观感觉，是可产生感染力的一种心理因素。轻松、愉悦的正面情绪可以增强沟通者的兴趣和沟通能力，焦虑、烦躁的负面情绪可以干扰沟通者信息的传递和接收。在人际沟通中，必须注意双方的情绪变化，以更好地掌控沟通的内容与方向。

② 个性心理包括性格、气质、能力、兴趣等，它会造成人们对同一信息的不同理解，并对沟通方式产生直接影响。一般来说，热情、直爽、健谈、开朗、大方、善解人意的

人易于与人沟通；相反，淡漠、拘谨、苛刻、性格孤僻、以自我为中心的人则容易产生沟通障碍。老年服务人员作为主动的沟通者，应对老年人的性格类型有一定的认识，并尽可能做到知己知彼、扬长避短，不断纠正不利于沟通的个性心理，逐步成长为沟通高手。

（3）价值观念，是指人们通过一定的思维感官，对事物作出认知、理解、判断或抉择的一种思维或取向。价值观对人们自身行为的定向和调节起着非常重要的作用，决定着人的自我认识。价值观念的不同可以使人们对问题的判断产生重大差异，从而成为人际沟通的阻碍因素。例如，中国人对于自理、自立能力的培养较为忽视，老年人生病时一切生活护理均由家属或护理人员全部"包办代替"，使老年人容易产生依赖思想。而西方人在成长过程中很注重自理、自立能力的培养。因此，在照护老年人时，应评估其在价值观念上的不同，不要损害老年人自尊心。

（4）认知水平，是指由于个人的经历、生活环境、受教育程度等因素的差异，导致每个人的认知深度、广度和认知涉及的领域、专业都不尽相同。因此，在信息传递过程中，编码和译码的不对称性可能会对沟通效果产生负面影响。一般而言，生活经历相当、知识水平相近的人，沟通时容易互相理解，而认知面广、知识水平高、生活经历丰富的人比较容易与其他人进行沟通。在与老年人沟通时，老年服务人员要充分考虑老年人的认知水平，避免使用生涩难懂的医学专业术语，同时避免表现出居高临下的态度。

2. 环境因素

（1）物理环境，是指沟通的场所，包括场所的温湿度、安静程度、场地大小、沟通距离等，沟通场所的选择对沟通效果的影响很大。评判环境主要可依据以下三个因素。

① 噪声，安静的环境是保证沟通效果的重要条件之一。沟通环境中的噪声，例如汽车鸣笛声、孩子的哭闹声、电话铃声等，都会分散沟通双方的注意力。噪声会给沟通者带来神经系统和心理上的不良反应，影响沟通的顺利进行，造成信息传输过程的失真或使沟通者心烦意乱，情绪不稳定。在养老机构，老年服务人员与老年人沟通前，应尽量排除噪声干扰，为老年人创建安静的沟通环境。

② 距离，沟通者之间的距离不仅可以影响沟通者的参与程度，还会影响沟通过程中的气氛。一般而言，较近的距离容易形成合作、亲密、融洽的沟通氛围，较远的距离则容易形成防御甚至敌对的氛围，从而降低沟通的有效性。

③ 隐秘性，在老年服务人员与老年人沟通时，当沟通的内容涉及隐私或者一些敏感话题，并有无关人员在场时，沟通的深度和效果都会受到影响。因此，老年服务人员在与老年人交谈涉及老年人隐私的问题时，尤其应注意选择隐秘性较好的沟通场所。

（2）社会文化环境，包括信仰、习俗、习惯、法律、职业等，它可以规定和调节人们的行为，并制约沟通的方式和内容。不同地域、社会阶层、文化背景的人很容易在沟通层面产生差异，使双方产生误解，影响沟通效率，造成沟通障碍。老年服务人员应尊重老年人的社会文化背景、民族习俗等，以利于有效沟通的进行。

（二）人际沟通的应对策略

1. 充分评估沟通者的状况

在沟通前，需要准确地评估沟通者的生理状况、性格特征、价值观念、文化程度、经济状况等,只有在充分了解的基础上,才能形成有效沟通。例如,与永久性生理缺陷者沟通时,应选择特殊的沟通方式,包括提高音量、增大光线强度、借助盲文、手语等。在与暂时性生理不适者沟通前,要注意评估其生理状况,最好等生理不适得到控制或消失之后再进行有效沟通。例如,疼痛时不要进行沟通,等疼痛控制了再进行交谈;情绪激动时,应待平静后再进行沟通。在接待老年人时,应以积极愉悦的情绪感染老年人,消除老年人的陌生感和恐惧心理。

2. 做好沟通前的环境准备

在沟通前除了认真评估沟通者,还应做好沟通环境准备。环境会影响沟通双方对信息的表达和理解,进而影响沟通效果。通常,选择适宜的沟通场所、营造安静的环境、保持合适的距离更有利于沟通的成功。沟通场所的大小应适中,不宜过大或过小,空气应清新无异味,环境布置温馨,温湿度适宜;在谈及隐私话题时,要请无关人员出去,或者关闭门窗;交谈时应保持适当的距离。

3. 学习良好的沟通技巧

沟通作为一门技术,是可以通过后天学习获得和提高的,老年服务人员在与老年人进行沟通时,应恰当地运用沟通技巧,例如积极倾听、有效表达、活用非语言动作、适时赞美等,使交谈达到事半功倍的效果。

立德树人

中国的"伟大沟通者"

2014年4月1日,中国国家主席习近平访问欧洲期间,在布鲁日欧洲学院发表了一场非常精彩的演讲。习近平主席被国外媒体盛赞为中国的"伟大沟通者"。研究者从沟通学的角度对习近平主席的演讲进行了分析和解读:选择布鲁日作为演讲地点是一次"神来之笔"。习近平主席在演讲中表示:"在弗拉芒语中,布鲁日就是'桥'的意思。桥不仅方便了大家的生活,同时也是沟通、理解、友谊的象征。我这次欧洲之行,就是希望同欧洲朋友一道,在亚欧大陆架起一座友谊和合作之桥。"另外,选择布鲁日这一欧洲最古老的城市作为演讲地还暗含另外一层含义:如果听众想要了解中国当前的政策,就必须了解中国的悠久历史。此外,选择在欧洲学院发表演讲也表明习近平主席是在面对整个欧洲大陆发表演讲,而不是一小部分现场听众。

资料来源:https://www.chinanews.com.cn/hb/2014/05-07/6143367.shtml。

第二节 人际关系概述

一位哲人曾说过:"人生的美好是人情的美好,人生的丰富是人际关系的丰富。"人际交往是人类的本能,人际关系是人类特有的社会现象。人类只有在交往中才能生存,才能创造并享用物质文明和精神文明。老年服务人员只有掌握人际关系的理论知识,有意识地锻炼人际关系技能,才能与老年人建立良好的人际关系。

一、人际关系的概念

"人际关系"一词最早出现在 20 世纪初第一次世界大战期间,由美国人事管理协会提出。1918 年,"人际关系"一词被学术界正式采用。作为一个较为复杂的社会心理现象,不同的学科对人际关系有不同的理解。社会学家认为,人际关系是人们在生产或生活活动过程中所建立的一种社会关系;社会心理学家认为,人际关系是人们在交往中心理上的直接关系或距离,它反映了个人寻求满足社会需求的心理状态;行为科学家则认为,人际关系是人与人之间的行为关系,体现了人们社会交往及联系的状况。

人际关系有广义与狭义之分。从广义角度看,人际关系既包括了所有人与人之间的关系,又包括了人与人之间关系的所有方面;从狭义角度看,人际关系是在社会实践中个体为了满足自身的发展及生存需要,通过一定的交往媒介与他人建立及发展起来的,以心理接近为主的一种显在的社会关系。

名人谈人际关系

一个人的发展取决于和他直接或间接进行交往的其他一切人的发展。

——马克思

人类的心理适应,最主要的就是对人际关系的适应。所以人类的心理病态,主要是由于人际关系的失调而来的。

——丁瓒教授

无论你干哪一行,或从事何种职业或专业,只要学会了处理人际关系,你就在成功的路上走完了 85% 的路程,在个人幸福的路上走完了 99% 的路程。人际关系可以帮助我们获得成功,也可以使我们失败。

二、人际关系的特点

(一)人际关系的互动性

人际关系的互动性主要体现在个人性、直接性及情感性三个方面。

1. 个人性

个人性是人际关系与社会关系的本质区别。人际关系的本质表现在具体个人的交往互动过程中。在人际关系中,教师与学生、上级与下级等社会角色的因素退居次要地位,而对方是否为自己所喜欢或乐意接受的对象成了重要的问题。

2. 直接性

人际关系是人们在面对面的交往过程中所形成的一种关系,关系中的人能切实感受到它的存在。

3. 情感性

人际关系的基础是人们彼此之间的情感活动交流，情感色彩是人际关系的主要特征之一，是加深关系的纽带或桥梁。不同的人际关系会引起不同的情感体验，彼此接近和相互吸引的情感可以使人际关系更加亲密；彼此相互排斥分离的情感，则容易使人际关系更加疏远。

（二）人际关系的心理性

人际关系是人与人之间的心理距离状态，而这种心理距离状态是由双方社会需要的满足程度所决定的。如果双方在交往过程中，各自的社会需要都满足了，相互之间才能发生并保持友好或亲密的心理关系；反之，会产生人与人之间的疏远或敌对关系。

（三）人际关系的明确性

人在自己的生命过程中要结成许多不同的人际关系。从纵向来看，人一出生就会自然构成母子、父子等血缘关系；上学后就会形成同学、师生关系；工作后会形成上级、下级、同事等关系；到婚嫁年龄，会形成恋爱、夫妻等关系，这些人际关系可能会永远延续下去。从横向看，每个人在同一时期，可能同时扮演着多种角色，同时处于多种人际关系中。虽然人际关系多种多样，但在每一种人际关系中，相互之间的关系是明确的，如果相互之间的关系不明确，就无法发展健康的人际关系。

（四）人际关系的渐进性

社会心理学的研究表明，人际关系的发展需要经过一系列有规律的阶段或顺序，如果人们之间的关系没有按照预期的顺序发展，就会引起其中一个或多个当事人的恐慌不安，从而阻碍人际关系的发展。例如，老年服务人员初次与老年人接触，就询问老年人许多个人问题，可能会引起老年人的不安甚至反感。因此，在人际交往中，必须遵循循序渐进的原则，不能急于求成。如果完全从自己的主观意愿出发，导致一些突然超前或突然终止的反常行为，就会破坏人际关系的规律。

（五）人际关系的多面性

由于每个人的文化背景、生活经历、知识结构、价值观念、性格等因素不同，必然会在思维、情感及需要等方面表现出多面性、多层次的特点。同时，很多人际关系的影响因素不仅仅在两人之间，可能会涉及第三者、第四者或者更多的原因。

（六）人际关系的动态性

人际关系不是一成不变的，它会随着时间的推移、年龄的增长、环境的改变而不断变化。人际关系的变化可能会表现为性质、形态、交往模式等的变化。

（七）人际关系的复杂性

人际关系的多面性及动态性导致了人际关系的复杂性。人不仅具有生物属性还具有社会属性，是生物社会的统一体，复杂的生理、心理及社会因素导致了个人的复杂性，而由两个以上的人所组成的人际关系将更加复杂，往往表现为交往动机、交往心理、交往方式等多个方面。另外，人际交往还具有高度的个性化和以心理活动为基础的特点。因此，在人际交往过程中，人们的思想、情感、需求、态度等方面的不同使得人与人之间的交往具有复杂性。

三、人际关系的影响因素及应对策略

（一）人际关系的影响因素

1. 仪表因素

仪表是指人的外表，包括相貌、仪态、风度、服饰等，这些都会影响人们彼此之间的吸引。研究表明，外貌会引发"辐射效应"，使人们对高魅力者的判断产生明显的倾向性。人们会认为外形好的人还具有聪明、有趣、独立、能干等美好品质，容易被其吸引。但是随着交往时间的延长，双方了解的程度加深，仪表因素的作用会越来越小，人际交往的吸引力将会从外在的仪表逐渐进入人们内在的品质。

2. 空间距离因素

俗话说，远亲不如近邻。人与人在地理位置、空间、距离上越接近，就越容易形成密切的关系。研究表明，在一个新的环境里，与陌生人的第一次交往，距离的邻近是增进吸引力的重要因素。因为距离近，相互接触和交往的机会增多，双方更容易彼此了解、熟悉。例如，同班、同组、同寝室的人更易成为朋友。当然，还不能说距离的邻近一定具有吸引力。我们知道，自己喜欢的人往往是邻近的人，而自己厌恶的人通常也是邻近的人。邻近性是相互吸引的一个重要条件，但不是充分必要条件。

3. 交往频率因素

人们接触的次数称为交往频率。交往的次数越多，越容易形成共同的经验、共同的话题和共同的感受，因而越可能建立密切的关系，交往频率和人际关系的密切度呈正比例关系。相反，如果长期不交往，关系就会逐渐疏远。对于素不相识的人来说，交往频率在形成人际关系的初期起着重要的作用。当然，交往的内容和态度在交往中是至关重要的，如果没有诚意，只停留在一般应酬上，即使交往频率高，那也只是貌合神离，人际关系也不会真正密切起来。

4. 相似性因素

在人际交往过程中，人与人之间的相似特征是使其相互吸引、相互喜欢的原因。相似性因素有很多，包括年龄、性别、性格、兴趣、学历、气质、态度等。相似之处越多，越容易相互吸引，即所谓志同道合，情投意合。有实验结果表明，在相处的初期，空间距离的邻近与否可以决定人与人之间的吸引力，而到了后期，只有彼此间的态度和价值观相似的人，相互间的吸引力才会更强。心理学家的进一步研究还发现，只要对方和自己的态度相似，哪怕在其他方面有缺陷，同样也会对自己产生很大的吸引力。

5. 互补性因素

当交往双方的特点或需要正好成为互补关系时，也会产生强烈的吸引力，这就是互补性吸引。例如，一个支配欲较强的人喜欢和依赖性强的人交往，性格外向的人也可能和性格内向的人相处很好，这就是互补性在人际交往过程中的作用。研究证明，互补性因素增进人际吸引的情况往往发生在感情深厚的朋友交往中，特别是在异性朋友和夫妻之间。

6. 能力因素

一个人在能力及才干方面比较突出，与众不同，其本身就是一种吸引力。有能力的人会使他人钦佩并欣赏其才能，愿意与他交往，人们通常会喜欢聪明能干的人，而不喜欢愚蠢无能的人。但也有研究证实，当人们与完美无缺的人相处时，难免产生"己不如人"的自卑想法，令人敬而远之，从而导致吸引力降低。如果一个英雄、伟人或名人偶尔暴露出和普通人一样的小缺点时，则会因为让对方看到自己平凡的一面而增加对方的亲近感。

7. 个性品质因素

在影响人际关系的诸多因素中，个性品质是相对稳定的，也是最重要的因素。在人际交往的初期，一个人的外表往往具有较大的吸引力，但随着交往的加深，这种吸引力会逐渐减弱，而个性品质将起到主导作用。优良的个性品质具有持久的人际吸引力，能使人产生敬重、亲切、赞赏等情感。优良的个性品质主要包括诚实、正直、坦诚、热情、豁达、宽容、善良、机智、幽默、乐于助人等，而虚伪、冷漠孤僻、不尊重他人、疑心病重、忌妒心强、固执专横、心胸狭隘等不良品格会严重妨碍良好的人际关系的建立。

（二）建立良好人际关系的应对策略

1. 主动交往

交往双方总有一方占据主动地位，例如首先与人打招呼，主动与人说话等。这些看似简单的小事却常因个性原因，或者没有注意，没有意识到应该去做，结果丢弃了许多可能具有重要意义的交往机会。老年人服务人员应建立并强化主动与老年人交往的意识，掌握主动与老年人交往的技巧，这是建立良好照护人际关系的策略之一。

在人际交往与沟通中，许多人不会主动发起互动、积极接纳他人，而是被动地等待他人的接纳，甚至不遗余力地吸引他人的关注。他们只能做交往的响应者，而不能做启动者。老年服务人员在与老年人的交往中，要想赢得老年人的信任，同老年人建立良好的人际关系，就必须处于主动地位，做交往的启动者。

人们不能主动交往的原因主要在于两个方面。一是人们自己在人际关系方面缺乏应有的自信，惧怕他人不会像自己期望的那样理解、应答自己，从而使自己处于窘迫的局面，伤害自己的自尊心。二是人们在人际关系上有许多误解，例如"先同别人打招呼，在别人看来是低人一等""我这样去麻烦别人，别人会讨厌的"。这些想法其实并没有任何可靠的依据，更不是事实。实际上，在现实生活中，由于社会规范的作用及人们需要交往的需求，很少出现人们主动交往却得不到相应回应的情况。如果想改善自己的人际关系处境，我们应该勇于尝试，因为尝试是成功的先导。当因某种担忧而不敢主动与人交往时，最好先去实践一下，用事实证明担心是多余的。

2. 帮助别人

帮助别人是建立良好人际关系的重要途径，帮助既包括情感上的支持，也包括物质上的支持。以帮助为开端的人际关系，不仅容易确立良好的第一印象，还能使人与人之间的心理距离迅速缩短。在老年人遇到困难或危机时，老年服务人员如果能及时给予帮助，就能够快速赢得老年人的信任。这也正是"患难之交"这个词所表达的意义。即使只是提供一个微小的支持（如一个微笑、一句问候），也能帮助他人远离绝望，使他人更愿意接纳并展开更加深入和广泛的交往。因此，尝试帮助他人并学会如何帮助他人是老年服务人员建立良好人际关系不可或缺的条件。

3. 关注对方

由于交往双方是生物社会的统一体，双方都有着不同的情感和理解基点，有不同的兴趣和不同的关注点。只有在交流过程中，双方的兴趣和关注点汇聚在一起时，交流才成为双方平等投入的过程，才能真正起到有效沟通和加强相互关系的作用。谈话兴趣与关注焦点的汇聚是一个渐进的过程，而且需要交流双方将更多的注意力投向对方，而不是只集中在自己身上。如果老年服务人员只是从自己的角度考虑问题，以自己的理解和情感作为唯一的出发点，自然难以关注老年人的兴趣和爱好，一定会降低自己的吸引力，继而淡化彼此交往的倾向性。

4. 肯定对方的自我价值

当人们的自我价值受到否定时，机体会处于强烈的自我防卫状态，这是一种焦虑状态，与人们的不愉快情绪直接关联。因此，人们会对否定自己的沟通者保持强烈的排斥情绪。称赞是对他人的肯定，每个人都有得到他人肯定和尊重的需要。选择恰当的时机和适当的方式表达对对方的赞许是增进彼此情感的催化剂。在称赞时，要注意以下策略。

（1）恰如其分的肯定：在称赞别人时，态度要真诚，内心要坦诚，说话要真实。以讨好的心态称赞他人非但不能增进友谊，反而会引起他人反感。事实证明，人们往往对真诚的称赞报以感激，对平庸的捧场表示冷漠，对做作的献媚心存戒备。

（2）在逆境时给予肯定：与顺境中的赞扬相比，人们更希望在逆境中得到支持。当对方身处逆境一蹶不振时，支持和肯定无疑能起到雪中送炭的作用，可以点燃他人的希望之火。

（3）在事后给予肯定：与当时的夸赞相比，人们更看重事后的回顾性赞许。

（4）表现真实自我：每个人都有表现自己优点，掩饰自己缺点，给别人留下美好印象的愿望，但是过于掩饰自己往往会使自己表现得十分拘谨，结果适得其反，留给别人一个保守、虚荣的印象。实际上，真实地表现自己，不回避自己的缺点和不足，非但不会有损于自己的形象，反而会使人们产生一种真实感和亲切感。

在日常生活中，往往有这样一个有趣的现象，即人们对于自己的一个很小的错误会感到很不愉快，不愿承认；而对于别人的一个很大的错误却可以表现得很宽容，尤其是在别人承认了错误之后，人们会表现出超乎寻常的容忍性。人们隐瞒自己的错误和宽容他人过失是有心理学依据的。承认自己的错误，错误再小，也是一种自我否定；而宽容别人的错误，错误越大，越显示出自己的超越。从人际交往的角度看，如果有了错误不敢承认，甚至把过失归咎于客观，推诿于别人，其人格地位在人们的心目中会大幅降低，不利于人际交往。

（5）保守秘密：一般来说，老年人吐露的秘密都是认为对自己的身心健康有一定威胁的事情。由于所处社会地位的不同，所扮演的社会角色各异，老年人的有些秘密对老年服务人员来说可能根本算不上秘密，但对老年人而言，却直接威胁着其自我价值或生理、心理的安全感。因此，为对方保密不仅应当成为为人处世的一条原则，而且在老年服务工作中也应当是老年服务人员应尽的责任。

习题

1. 根据信息载体的不同，沟通可分为（　　）。
   A. 语言沟通和非语言沟通　　B. 单向沟通和双向沟通
   C. 横向沟通和纵向沟通　　　D. 正式沟通和非正式沟通
   E. 自我沟通和团体沟通
2. 下列选项中属于单向沟通的是（　　）。
   A. 病案讨论　　　B. 听广播　　　C. 健康指导
   D. 教师上课　　　E. 辩论会
3. 下列属于影响沟通效果的环境因素的是（　　）。
   A. 沟通者情绪烦躁　　　　B. 沟通双方距离较远
   C. 沟通双方的价值观不同　D. 沟通者存在视力障碍
   E. 沟通双方的信仰不同
4. 下列属于沟通个人影响因素的是（　　）。
   A. 室内光线　　　　　　　B. 室内温度
   C. 沟通双方文化程度　　　D. 噪声干扰
   E. 信息过多
5. 老年服务人员要做到"入乡随俗"才有利于和老年人沟通，这是考虑到沟通因素中的（　　）。
   A. 生理因素　　　B. 心理因素　　　C. 物理因素
   D. 社会文化因素　E. 教育因素
6. 人际关系的特点不包括（　　）。
   A. 互动性　　　　B. 心理性　　　　C. 静止性
   D. 对面性　　　　E. 明确性
7. 在人际关系的影响因素中相对稳定的因素是（　　）。
   A. 交往频率　　　B. 个性品质　　　C. 仪表形象
   D. 相似性　　　　E. 空间距离

第七章

老年服务沟通概述

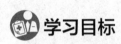 学习目标

知识目标
（1）能够概述语言沟通的特点和沟通内容的选择原则。
（2）能够概述有效沟通的原则和技巧。

能力目标
（1）能够运用合适的音调、语气和情绪进行服务沟通。
（2）能够恰当地使用肢体语言进行有效交流。
（3）能够营造合适的环境实现良好的服务沟通。

素质目标
（1）树立爱老敬老观念，理解并接纳老年人。
（2）增强服务意识，耐心对待老年人。

随着人口老龄化的加剧，老年服务的需求正在不断增加。在为老年人提供服务的过程中，沟通起着至关重要的作用。良好的沟通可以帮助我们更好地了解老年人的需求，从而提高服务的质量和针对性，提高老年人的满意度和幸福感。然而，由于老年人的生理、心理和社交状况与年轻人存在较大差异，我们需要采取更加合适、更具针对性的沟通方式。根据沟通媒介的不同，可将沟通分为语言沟通和非语言沟通。在工作中，我们需要根据老年人的实际情况和需求，选择最合适的沟通方式，以确保沟通的有效性和顺畅性。

案例

李奶奶的腿骨折了，正在医院进行治疗和康复。在复健过程中，李奶奶每天都努力认真地练习康复医师所教的康复动作。这一天，李奶奶大汗淋漓地完成了一轮康复动作，气喘吁吁地问照护人员："小刘，今天我完成得怎么样？"小刘回答："你现在的这种状况，远远达不到医生的要求，还是抓紧时间锻炼吧！错过了这段时间，以后锻炼效果就不好了。"李奶奶听完后非常着急。

问题思考：

（1）小刘的话有什么不妥？

（2）如何回答才合适？

第一节　老年服务中的语言沟通

语言沟通包括口头语言沟通和书面语言沟通。在老年服务沟通过程中，更多的是使用口头语言沟通。恰如其分地运用语言交流，有助于提高老年服务的沟通质量和交流效果。

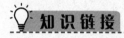

礼貌用语

向人询问说"请问"，请人协助说"费心"。

请人解答说"请教"，请改文章说"斧正"。

接受好意说"领情"，求人指点说"赐教"。

老人年龄说"高寿"，身体不适说"欠安"。

看望别人说"拜访"，请人接受说"笑纳"。

送人照片说"惠存"，欢迎购买说"惠顾"。

请人赴约说"赏光"，对方来信说"惠书"。

自己住家说"寒舍"，与人相见说"您好"。

问人姓氏说"贵姓"，问人住址说"府上"。

仰慕已久说"久仰"，长期未见说"久违"。

求人帮忙说"劳驾"，求人办事说"拜托"。

麻烦别人说"打扰"，求人方便说"借光"。

得人帮助说"谢谢"，祝人健康说"保重"。

向人祝贺说"恭喜"，希望照顾说"关照"。

赞人见解说"高见"，归还物品说"奉还"。

需要考虑说"斟酌"，无法满足说"抱歉"。

请人谅解说"包涵",言行不妥"对不起"。
慰问他人说"辛苦",迎接客人说"欢迎"。
宾客来到说"光临",等候别人说"恭候"。
没能迎接说"失迎",客人入座说"请坐"。
陪伴朋友说"奉陪",临分别时说"再见"。
中途先走说"失陪",请人勿送说"留步"。

一、老年服务语言沟通的特点

（一）以尊重为前提

尊重老年人是老年服务沟通的前提，被尊重是老年人最基本的心理需求。在经历了生活中的大起大落之后，老年人已经形成了自己的处世哲学，希望得到别人的尊重，这也是老年服务沟通双方产生良好互动关系的前提。在沟通语言方面，要尊重老年人的习惯、个性、能力和情感需求。有这样一个案例：在养老院里，有一对老夫妻，他们过着简单而清贫的日子。他们的儿子经商有方，家庭富裕了，消费观念也改变了，周末带父母出去吃饭，从来不让他们收拾残羹剩饭，因为他觉得这样做太丢人了。为了保持生活环境的整洁和卫生，他把家里一些破旧的东西都扔掉，也不让老年人吃隔夜剩菜，到养老院看望老人的时候，经常会对父母的一些生活习惯进行批评，父母对此非常不满，家庭关系也变得很紧张。养老院的工作人员了解情况后，并没有按照儿子的要求劝说两位老年人，而是对他们的儿子进行了说服，最终让家庭关系重归和谐。

作为服务提供者，应尊重老年人的情感需求，这是进行语言沟通的终极目标。老年服务人员不仅要在生活照料、学习发展和医疗服务过程中给予老年人细心照顾，还要考虑到老年人的情感需求，让他们体会到被尊重和珍视的感觉。

（二）以宽容为原则

老年服务人员要面对各种性格的老年人。曾有一名护理人员，由于无法忍受老年人的百般挑剔，与其发生了争执，当被问及原因时，他说是由于两人的观点和看法不同。如果护理人员能用一种宽宏大量的语言态度来对待老年人，也许争执就不会发生。老年服务人员在言语上要容忍老年人的不同意见，清晰地提出问题，开诚布公地进行分析与探讨，对于老年人提出的工作中的不妥之处，要以虚心的态度对其建议表示感谢。如果对方的指控是无理取闹，可以提醒这个指控存在的不当之处，同时冷静地进行解释，让对方明白自己的真实想法，消除误会。

在语言沟通的过程中，无论是以口头还是书面形式进行交流，都应该在用语中反映出服务人员的宽容态度，对老年人的不同意见表示认可，不要急于否认。老年服务人员要包容老年人在沟通中的不良情绪，以真诚的态度化解老年人的不良情绪根源，化解误会。

（三）表达善意和赞美

在老年服务沟通中，语言交流的另外一个特点，就是要在言语中表达善意和赞美。老年人普遍敏感且缺乏自信，在服务人员善意的赞美中，老年人的自尊会得到极大的满足，从而感到更愉快。例如，居住在某社区的一户家庭，多次跟居委会工作人员反映，楼上的一位老年人喜欢用大盆给阳台上的盆栽浇水，盆栽底部又漏水，经常把他们家晒在外面的被子和衣服弄湿。尽管向老年人提了多次建议，但他始终没有改变，还是继续用大盆浇水。工作人员来到老年人家里，老爷子兴高采烈地邀请工作人员参观他阳台上的盆栽，工作人员对老人说："大爷，您真棒，盆栽养得这么好，赏心悦目，看着都开心，您传授点经验吧，我也想养一些。"老人家听完非常开心，兴致勃勃地谈起他如何栽培盆栽。当谈到给花浇水时，工作人员说："您可真勤快，难怪那些花都长得这么好。"老人家听完哈哈大笑。这时工作人员又说道："可是大爷，咱家的盆栽是空心的，您浇水的时候，也浇了楼下的棉被啊。"老人顿时恍然大悟，非常不好意思，连忙在盆栽底部放置垫盘，还说以后要仔细浇水。从那以后，两家人再也没有为浇水的事情发生争执。尊重老年人的价值，给予善意的提醒和赞美，有时可以让顽固的老人发生巨大的改变。

（四）强调换位思考

成功的老年服务沟通的本质是换位思考，在与老年人进行语言沟通时，强调换位思考是最本质的要求，也是选择语言内容和语气态度的基本起点，是理解老年人的途径。正如同亨利·福特所说："如果成功有秘诀，就在于设身处地地为他人着想。"美国有一位母亲，在平安夜带着五岁的孩子挑选礼物。大街上五颜六色、富丽堂皇。"当他看到这个美丽的世界时，他将会是多么激动啊！"母亲毫不犹豫地想。然而孩子一直在哭。母亲蹲下身来为他系鞋带时，不经意抬起头，"啊，怎么什么都没有？"原来那些东西都放在很高的地方，孩子什么也没看见。在孩子眼里，只有厚厚的脚印和妇人们低垂的裙摆！她大吃一惊，立刻抱起孩子。孩子开心地笑了起来，说："妈妈，圣诞节好漂亮啊！"同理，只有站在老年人的立场，服务者才能更好地进行语言沟通。

春秋时期的孙元觉，15岁时就非常懂事。他父亲对祖父很不孝顺，见其只吃饭不能干活儿，便很嫌弃。一天，父亲把祖父装进筐里，打算送到大山深处。元觉哭求父亲别这样做，却改变不了父亲的决定。劝阻无效，元觉便一直跟着前行。到了山里，父亲把祖父放下，筐也不拿，转身就走。元觉哭着把筐拾起，放到推车上。父亲感到奇怪，元觉说："这筐要带回家收好，等你年纪大了，不能干活的时候，我再用它带你上山。"父亲深受触动，内心非常惭愧，连忙把祖父抱进筐里，推回家中，悉心奉养。老年服务人员要站在老年人的立场考虑问题，换位思考，理解老人的需求，从此入手去思考如何与老年人说话，说什么话，只有这样，服务沟通才能做得越来越好。

二、语言沟通内容的选择

（一）正确使用称谓

老年服务沟通是与老年人打交道的过程，在此过程的开始阶段，老年人对他人如何称呼自己比较在意，准确的称谓和恰到好处的敬语可以表达对老年人的尊重和友好，不当的称谓和不敬的语言会让老年人感到不快，从而影响服务品质和服务对象的感受。例如，小黄在出差途中，与邻座的一位大爷聊天。交谈中他问道："哎，你多大了？"大爷没好气地说："三岁！"小黄听了十分尴尬，双方的交流就此中断。小黄对大爷没有使用称谓，也没有使用敬语，因此引起了大爷的不快，造成双方不欢而散。

在为老年人提供服务的过程中，会有一些习惯上的称呼，尊敬老年人的第一个表现就是对老年人的尊称。例如"老大爷""老大妈""老人家"这样的称呼都是一种尊敬，而如果双方较为熟悉，"大妈""大叔""阿姨""叔叔"等称谓能迅速拉近双方的关系。但是如何称谓和使用敬语还要视老年人的喜好而定，一些老年人在社会上地位较高，说话也很严肃，我们可以使用敬称来体现敬意和尊重。还有的老年人并不喜欢强调自己的"老"。例如，志愿者小婷曾陪伴70岁的李大爷上街买菜，卖菜的小摊贩主动招呼："大爷，您需要什么蔬菜？"接连几个小摊贩这么招呼，李大爷却没有多看一眼，直接转身离开，这让小婷对李大爷的反应有些不解。就在这时，一个摊主说："大哥，您要吃些什么？"李大爷满脸笑容地走过去，在他那里买齐了蔬菜瓜果。事后李大爷告诉小婷，自己只是不喜欢被人说"老"，大哥的称谓听起来舒坦。从这里可以看出，并不存在一个放之四海而皆准的称谓标准，要根据具体情况来灵活运用。

因此，在与老年人沟通的时候，服务者应该在理解和尊重的基础上，和对方达成一个双方都认可的称谓和敬语使用方式。或者在初次见面时，征求老年人的意见，以老年人的偏好为依据，确定称谓和口头敬语，从而建立良好的互动和沟通（图7-1）。

图7-1　称谓礼仪

（二）使用老年人易懂的语言

老年人成长生活的年代与老年服务人员成长生活的年代不同，时代背景不一致，说话习惯也不尽相同。如今是信息爆炸性传播的时代，各种传播媒介在传播信息的同时，还带来了很多新的语体和词汇，其中包括一些舶来词汇。流行语和网络语言在有着最先进的传播媒介，容易接受新事物的人群中迅速流行起来，每个时期的流行语都反映了一个时期人们关注的问题。流行语还具有一定的地域性，有些流行语和网络语言带有浓郁的地方文化色彩，可能在A地很流行，在B地却不为人所知。

由于心理、生理原因和对信息资源的获取手段相对匮乏，老年人接受信息的速度、数量和尺度都受到了限制。很多老年人对"小清新""浮云""神马"等词汇的理解，与年轻人对这些词汇的理解是不同的。"淘宝体""凡客体""咆哮体"等网络语言风格，在年轻人看来很时尚，但在很多老年人看来却是一头雾水。例如，在某社区，一位独居老年人给正在开车回家的孙子打电话，问孙子是否快到家了，孙子说还没到，同时说了一句"这个路段塞车塞成这样我也是醉了"，然后匆匆挂了电话。老人家一听，顿时急了，找到社区服务中心的工作人员说能否带他去找孙子，他孙子喝醉了还在开车。工作人员安慰他不要紧张，并询问他孙子说了什么。当老人家把孙子的话复述给社区工作人员的时候，大家都笑了，跟老人家说："放心吧，这是年轻人的语言，意思是说堵车堵得很厉害。"老人家将信将疑，又给孙子打了个电话，确认"醉了"的意思后才放下心来。

老年服务人员在与老年人沟通时，应避免使用可能引起误解和交流障碍的流行语或网络语言，以及可能会让老年人感到困惑的专业术语；应该尽可能使用通俗易懂、没有歧义的生活化语言和口头表达方式。

（三）避免老年人禁忌话题

老年人的生活节奏和生活重心与其年轻时不同，由于心理上开始产生失落感和孤独感，变得敏感，失去自信心，加上身体机能的日益退化和疾病困扰，老年人会变得焦虑而缺乏安全感。因此在谈话中，老年人会有较多禁忌，对某些话题会特别敏感。例如，某医科大学附属医院神经科，一位新入院的老年人问医护人员："姑娘，神经科治的都是些什么病啊？"护士随口答道："多啦，很多都是疑难杂症。"老人家又问："那我这个病多久能治好？"护士不耐烦地回答："你只管好好养病，别问太多。你没听说过吗？神经科神经科，活得少死得多，剩下一个傻呵呵。"这个消息对于老年人来说，犹如晴天霹雳，他感到求生无望，当晚就跳楼自杀了。

作为一名老年服务人员，在日常生活中与老年人沟通是相当频繁的，因此在沟通中，应特别注意话题的选择。例如，不要对老年人的能力进行否认。老年人忌讳被人当作无用之人，不想让人觉得自己老了，不中用了，仍然希望自己的阅历和见识能为年轻人提供参考和帮助，他们认为，否定自己的能力是一种不礼貌的行为。例如，对老年人的家务事进行评估时，老年人会谈及一些家中琐事甚至是矛盾，如果在不了解的情况下贸然评价，老年人会产生反感和抵触心理；再比如老年人对死亡有天然的恐惧，不少老年人患病后会产生逃避心理，作为老年服务人员要传递信心和希望，除非特殊情况，要尽量避免提及死亡话题。

（四）用语清晰、具体并重复

老年人在听力、记忆力、思维能力和理解能力等方面都存在不同程度的减退，因此在服务沟通过程中，最重要的就是语言表达清晰、具体。许多问题和误解就是因为使用模糊不清的语言所产生的。例如，某社区的老年合唱团要去参加市级比赛，彩排前一天指导老师通知大家："明天我们以比赛的状态来参加排练。"排练当天，有些团员将比赛的所有服装道具都带来了，有些团员没有带，于是大家开始争论指导老师是否要求带比赛的行头，这个误解来源于指导老师没有把排练的要求表述清晰。

作为老年服务人员，要与老年人进行清晰、具体的沟通，表达要清楚明确，避免语义模糊不清，使用的词汇必须准确，用语能够清晰地表达自己的意思，否则老年人容易产生误会。

此外，在沟通时将用语和语义予以适当的重复，对表述不清晰的部分加以说明，有利于老年人记忆和理解。尤其是在对老年人作出请求或承诺的时候，应当明确言语沟通的具体内容，对重要内容重复确认。同理，如果老年人在沟通时用语含糊不清，最好要求对方重复一遍，以便进行确认和避免误解。在对老年人的话语进行分析时，应慎重对待，在其未完成表达时不进行主观判断。

（五）以建议说服替代批评责备

由于老年人拥有丰富的人生阅历，在长期的生活工作中，已经形成了自己的处世哲学和固定的思维模式及观念，不容易接受他人的意见和建议，对他人的批评更是带有抵触情绪。因此，在沟通中，建议说服的语言比批评责备的语言更合适。例如，在某养老机构，有位刘爷爷冬天不喜欢换洗外套，与他同住的另外一位黄爷爷却极其讲究卫生整洁，所以经常到老年服务人员那里抱怨刘爷爷不讲卫生，老年服务人员劝解刘爷爷时却遭到拒绝。刘爷爷认为一直在养老机构里居住，没干活，衣服很干净。后来，老年服务人员想了一个办法，对刘爷爷的青春活力赞叹不已，提议如果穿件其他颜色的衣服会显得更加年轻，刘爷爷爽快地答应了。老年服务人员接着以商量的口吻提出建议："您看能否隔一段时间更换一套衣服，这样看起来更年轻，很有精神。"刘爷爷笑着接受了这个建议。

老年服务人员可以在闲聊中不经意地提些意见，在获得认可和赞美后再提出建议，以建议说服替代指责批评，使老年人感受到尊重，而不是受到责怪和嫌弃，这样就能有效地实现沟通的目的。

三、音调、语气与情绪的选择与控制

（一）合适的音调和语速

在与老年人进行沟通时，老年服务人员应表现出对当事人的共情、理解与关切。老年人的听力和理解力都在下降，对语言信息的理解和反应速度都会有所降低。在对老年人说话时，如果需要强调某一件事，语速应该有所控制，即使老年服务人员的口头语言表达十分流畅，也要放慢语速，吐字清晰。正常普通话的语速是每分钟150～170字，与老年人的交流语速应该降低到每分钟120～140字，尽可能与老年人的语速保持一致。不要催促老年人进行理解，而是放慢语速、不慌不忙、娓娓道来，让对方更好地理解沟通信息。

在与老年人沟通时，应该适当提高说话的音量，要注意这个"提高"指的是音量，而不是音调。音调的高低取决于声音的频率，当一个人说话的音调较高时，听者会感到刺耳，时间长了会感觉疲劳，甚至产生焦躁和排斥的情绪。高音调容易表现出急躁的情绪，释放的是生硬的沟通态度。曾有人反映，自己邻居老两口的儿女总是对父母大声吼叫，像是在对父母破口大骂。经过老年服务人员了解后发现，这家的儿女对老人非常孝顺，他们的关系非常融洽，之所以给邻居留下这种印象，是因为老两口的听力下降比较严重，又嫌佩戴助听器麻烦，儿女与他们讲话时不仅提高了音量，也提高了音调，给人大喊大叫的感觉。因此音调平和、轻缓是老年服务沟通的要求，音量可以适当增大，但音调不可过高，对于听力衰退的老年人，采用中音调和低音调要比高音调更加合适。

（二）耐心、平和、热情的语气

情感的传递在很大程度上取决于"怎么说"，而非"说了什么"。在我们的服务沟通中，"怎么说"实际上就是使用什么样的语气来表达。老年人一般都比较敏感，并且自尊心较强，他们的情绪很容易受到影响。如果老年服务人员的语气太过激动，会遭到老年人的抵触，从而导致双方的沟通中断。

例如，养老院里有一位老年人，他的儿子因为出差，一个月没有来看望，他很焦虑。第一周的时候，老人家一直问老年服务人员，儿子为什么不来看他，老年服务人员每一次都耐心地解释原因，把他儿子的短信拿给老人家看，并说明他儿子结束出差后就会立刻来看他。接下来的几周，老人家都在耐心等着自己的儿子，没有再焦虑地询问这件事情。因此，当老年人出现疑问，并不断提问和反复讲述的时候，老年服务人员不能表现出不耐烦，也不能表现出不想再解释的态度，而应采用平和耐心的语气，与老年人进行沟通，对老年人的问题进行答复。

另外，在服务沟通中，老年服务人员不能使用生冷、粗暴、挑剔的语气对老年人进行指责，否则会使老年人产生失落和挫败感，觉得自己受到了不公平对待。如果语气太过严厉，老年人可能会产生一种逆反心理，使沟通变得更加困难。因此，老年服务人员在沟通时要以真诚的态度对待老年人，采用平稳而热情的语气去对待老年人的挑剔、冷漠甚至抵触，站在对方的角度，真正地去认识和解决问题。

（三）稳定的情绪控制

情绪很容易反映在我们的语言沟通中。例如，伤心的时候，语调低沉、语气轻缓；激动的时候，语调高昂、语气兴奋等。情绪反应会通过语言沟通传递给信息接收者。作为老年服务人员，在与老年人接触和沟通时，老年人能通过语言和语气语调敏锐地捕捉到服务者的情绪反应，但是对情绪反应的解读有可能与信息发送者的本意相偏离，进而产生误解。因此老年服务人员在沟通中，还应重视自己的情绪控制。

心理学家埃利斯提出了一个著名的 ABC 情绪理论，该理论认为，对于同一事件（起因 A），人们的不同态度（情绪 B）会导致不同的结果（结果 C）。为了让一切朝着好的方向发展，一定要有积极的态度和情绪。他认为，人们情绪的产生，主要来源于自身的信念和对生活情境的评价。有这样一个故事：在一个小镇上，林爷爷和陈爷爷两位老年人同时被诊断为肺癌。林爷爷自从得知自己的病情后，整天情绪低落，非常绝望。林爷爷的家人和朋友都非常担心他，但无论怎么劝说和安慰，都无法让他重新振作起来。而陈爷爷始终保持着乐观的心态，坚信现代医学的进步和自己坚强的意志力能够战胜病魔。他没有被恐惧和绝望所困扰，而是积极配合医生的治疗，同时保持乐观的心态和健康的饮食习惯。随着时间的推移，林爷爷的病情越来越严重，最终离开了人世。而陈爷爷的病情却逐渐好转，他成功地战胜了病魔，重新开始了正常的生活。同样的疾病，用不同的心态面对，最终结果也不一样。

在服务沟通中，老年服务人员也可借鉴这个理论，控制自身情绪，以积极的情绪服务和影响老年人，不断改善自身的语言沟通行为。

▍立德树人

"最美夕阳"的守护神

娄底市百善健康养老产业服务中心南垅养老院主管李湘，9月3日至11日，在长沙参加省养老护理员技能大赛培训。当她返回养老院时，84岁的谢满莲奶奶紧拉着她的手问："好多天不见你，去哪里了？我给你攒了一个星期的糖粒子，快拿去吃吧！"李湘用她的真诚和温暖赢得了老人们的信任。

童美田爷爷这位百岁老者讲话不太利索，但李湘和同事不但没冷落他，反而格外关注，甚至还通过物品交流的方式来克服语言交流的障碍。她耐心挑选各种物品，送到童老爷子的面前，让他挑选。通过这种方式，李湘渐渐地了解了童老爷子的爱好和饮食习惯。

南垅养老院共有30余名老年人，其中70%以上是失能、半失能者。20岁出头的李湘和姐妹们亲切地称呼他们为"小宝贝、小可爱"或者"亲爱的爷爷、奶奶"等，每天组织开展集体活动，比如做操、唱歌、画画、体育锻炼等。每当这个时候，她都会邀请每位老年人来参加，并让不能自理的老年人在护理人员的帮助下进行活动。"尽量让老年人找到归属感，多参加一些团体活动，可以让他们更有活力。"李湘表示。

资料来源：https://new.qq.com/rain/a/20230517A02OFU00。

第二节　老年服务中的非语言沟通

一、老年服务中的肢体语言

肢体语言作为一种"不说话"的语言，对语言沟通起到了辅助与补充的作用。在服务沟通中，老年人可从服务人员的肢体语言中解读传递的信息。例如，某个社区服务中心有一位老人来访，反映自己生活中遇到的问题，接待的老年服务人员一边和她说话，一边不停地看手表，老人不得不停下自己的描述，询问老年服务人员是否着急去做其他事情。老年服务人员赶紧澄清："没有，没有，只是习惯看看手表。"此时老人已经兴致全无，起身辞别。老年服务人员在沟通过程中，要特别注意肢体语言所释放的信息，避免造成误会。

（一）手势语言

手是人类运用最广泛的肢体器官，在非语言沟通中发挥着巨大作用。对于沟通双方而言，手是身体动作中最重要、最容易引起注意的部分。它通过与说话人的言语相协调的各种动作来传递讲话者的心声。由于手部动作比较灵活，许多演员、政治家和演说家都会通过训练有意识地运用一些手势来加强语气。由于个人习惯不同，讲话具体情况不同，沟通双方情绪不同，手势动作也会有所不同。

根据手势的含义和作用，可以分为两大类。一类是功能性手势，主要用来指示事物的方位或描述事物的形状。例如，有人问路，手指前方说"就在前面"，或者描述某人时，用手比画某人的大致身高和体型。另一类是辅助性手势，主要是有意或无意地配合自己的语言、表达喜怒哀乐的手势。使用手势时一定要考虑到对方的感受和习惯，否则可能会适得其反。例如，某个志愿者协会组织了一次孤寡老年人游园会，召集了一批志愿者协助老年人进行文体活动，并维持现场秩序。协会负责人小赵很受老年人喜爱，在游园会结束以后，老人们纷纷过来对他表示感谢。但是有位老人很不开心地把他拉到一边说："今天不开心，工作人员不友好。"小赵非常在意地询问原因，老人说，有个工作人员总是用手指指着他说快点快点，指挥他应该去哪儿，走得慢了还不断催促，让他感觉非常不好。小赵赶紧了解情况，询问志愿者是如何指路和引导老年人的，志愿者伸出食指，小赵恍然大悟，立刻找老人解释并道歉。在这件事情中，志愿者在指路和引导中由于手势运用不当，造成了老人的不满。

如果伸出食指，其余手指并拢，指向对方，表示对对方的所作所为不满，要给对方教训，这是带着对峙和威胁意味的（图7-2）。如果是指示和引导，展示"请"的手势，应使掌心向上，摊开双手，指尖朝着引导方向，这样才能表现出真诚和坦率，不带任何威胁意味（图7-3）。相反，如果掌心向下，则表示压抑、控制，带有强制和支配的意味，容易使老年人产生抵触情绪（图7-4）。如果双臂交叉于胸前，双拇指向上翘起，会给老年人一种防卫和敌对的感觉，使老年人有抵触感（图7-5）。

图7-2　伸出食指

图7-3　掌心向上

图 7-4 掌心向下

图 7-5 双臂交叉于胸前

（二）动作语言

动作语言是指通过身体动作来传达信息和表达情感的一种非言语沟通方式，具体包括身体动作、面部表情、姿势等。它是一种行为的语言，在一定程度上可以体现一个人的性格和素养，老年服务人员在沟通中要塑造良好的职业形象，动作语言是其中的重要一环。冰冷僵硬、粗暴造作的举止，会让老年人感到厌烦和恐惧；沉着冷静、从容端庄的举止，能给老年人产生安全感和信任感。

小李是某社区养老服务中心的工作人员，为人开朗热情、乐于助人、有耐心，因此被委派到了举办社区老龄活动的岗位，在工作的三年间获得了广大老年人的认可。由于工作岗位调整，今年小李被指派去做老年人的家访工作，他决心像组织活动一样把这项工作做好。今天是他第一次上门拜访老人的日子，当迈入独居老人的家时，闻到一股难闻的味道，小李不自觉地捂住了鼻子，坐下之后，他发现老人脸上的不悦之色，才后知后觉地把手放下。小李平时有个习惯，坐下就会抖动双腿，如果碰到紧张的事情，抖动得更加厉害。这是他第一次进行家访，心里难免有些忐忑，加上他意识到自己进门捂住鼻子的动作不妥，就更加紧张。于是，在交谈过程中，小李一直不停地抖动双腿。他感觉老人对他有很大的戒心，连常规问题都不愿意回答，开门迎客时的热情荡然无存。不到十分钟，老人家就以需要休息为由下了逐客令，这让小李感到非常挫败。动作语言是一种很直接的表达方式，小李捂鼻子和抖腿的动作，无疑引起了老人家的反感和抵触，导致工作无法正常进行。

在老年服务沟通中，老年服务人员需注意站立、行走、入座等行为所传递的信息。当站着与老年人交谈时，可以伴随一些手部动作，但是动作过大会显得不庄重，更要避免抖腿、摆弄手中笔纸等一些小动作。当坐着与老年人交谈时，应该身体前倾表示关注和投入。进入老年人房间时，不随便坐在老年人床上，不斜倚在老年人的床头、被子上。工作场合中，遇到突发情况不要慌张，快步小跑或碎步疾走都会营造紧张气氛，容易引起老年人的恐慌。当与老年人相伴行走时，只看着前方自己走，会让老年人觉得受到冷落，应该在行走过程中与老人相伴而行，不时面向老年人进行询问和关照。当推着老年人的轮椅走动时，不时俯首进行交流，以示善意和亲近。细微的动作语言可以为服务沟通带来不同的效果，恰当的动作语言对提高服务质量有促进的作用。

（三）触摸语言

触摸是一种无声的语言，是人类情感的表达方式之一。在老年服务过程中，老年服务人员通过亲切的触摸与老年人开展非语言沟通，能够让老年人感到被关心、理解、安慰和支持等正面情感，是一种积极有效的方式。恰当位置的触摸对老年服务沟通有促进作用，老年人经常会有焦虑、抑郁等情绪，对于他们来说，心理支持往往比生理治疗更重要，因此，非语言行为通常会起到很好的效果。例如，握住老年人的手，耐心倾听对方诉说，适时帮他们盖好被子，梳理好蓬松的头发，通过身体的接触满足老年人的心理需要，用触碰的交流方式表达对老年人的理解和关爱，给予他们安全感、亲切感（图 7-6）。

图 7-6　触摸礼仪

例如，某社区在重阳节组织了一场老年人联欢活动，王阿姨是个歌唱爱好者，参与了其中一个合唱节目的演出，王阿姨非常期待这场演出。但距离重阳节的正式表演只有几天时，王阿姨在家里搞卫生时不小心摔了一跤，闪到了腰，只能卧床静养，无法上场表演。社区工作人员小陈探望王阿姨时，她伤心地哭起来。小陈蹲在王阿姨身边，关爱地摸了摸王阿姨的头发，拍了拍王阿姨的肩膀，握着王阿姨的手，也不说什么，就是这么几个简单的举动，却让王阿姨止住了哭声，小陈这才开始安慰王阿姨，取得了很好的效果。

触摸是一种针对老年人的特殊沟通语言，不同的触摸部位、不同的触摸方式，所表达的含义也不一样。因此，对老年人的触摸，要根据不同的场合、情景来正确使用。在交谈过程中，如果谈得不开心或是老年人的情绪出现波动，可以先轻拍对方手背或是握住对方的手，让他的情绪稳定下来，再将话题转移。如果老年人因为听力障碍，无法感受到旁人的靠近，我们在接近老年人时，可以通过触摸的方式，轻拍老年人的手臂，让老年人知道我们的靠近，不至于因突然出现而使老年人受到惊吓。

二、老年服务中的倾听技巧

倾听是有效沟通的重要环节。狭义的倾听是指通过听觉器官来接收言语信息,进而通过思维活动实现对语言认知和理解的全过程;广义的倾听还包括书面沟通等方式。在与老年人沟通的过程中,我们要克服很多沟通障碍,要富有警觉性,认真倾听每一句话,并观察手势、动作等非语言信息,以此来了解老年人想表达的真实含义和潜在需求。

(一)有效倾听

在对话中,将感观、感情和智力等信息结合在一起,探索其意义并了解其意义的过程,称为有效倾听。有效倾听既是一个过程,又是一种技巧,然而,很少有人能够真正做到有效倾听,人们常常忽略、扭曲或误解真正的含义。因此,学习有效倾听的技巧,对培养和提高倾听技能非常重要。

1. 认识倾听的重要性,培养倾听的习惯

老年人见面都喜欢聊天,不管彼此间是否认识,也无论身处自家门前还是公共场所。为满足老年群体的需求,老年服务人员应主动配合他们的倾诉欲望,做好聆听的准备,并逐渐养成良好的倾听习惯。

2. 把老年人的安全摆在第一位

在沟通前确保老年人的安全,老年服务人员需要对威胁到老年人安全的事物具备敏锐的观察力,尽量避免危险发生。例如,老年人坐轮椅时,要把刹车放下制动,避免轮椅滑动。

3. 在老年人允许的前提下,多使用开放性的动作

在为老年人服务的过程中,要在征得老年人同意的情况下,用自然坦率的态度与老年人交谈,并适当运用肢体语言,例如握住老年人的手等。

4. 不要打断老年人谈话

老年人在倾诉的过程中,即使老年人的一些观点、做法不正确,老年服务人员也不要立刻打断老年人进行纠正,而是要等对方说完后,再用温和的态度进行探讨。

5. 清晰捕捉谈话重点

与老年人进行对话时,要清晰捕捉对方的谈话重点。老年服务人员除了专心致志地倾听,还要排除对方说话方式的干扰,不要仅仅关注口音、语法错误或"嗯""啊"等用语习惯,要将重点放在内容上。

6. 适时表达自己的意见

要在不打断老年人谈话的前提下,适时表达自己的意见,让老年人感受到我们始终都在认真倾听,而且听明白了。

7. 肯定老年人的谈话价值

在交流中,对于老年人来说,即使是最细微的成就,如果老年服务人员能够给予认

可，老年人也会感到愉悦，并对给予肯定的人产生好感。因此，我们在谈话中应该用心发现老年人的优点，并给予积极的肯定和赞扬。

8. 抑制与老年人争论的念头

在与老年人交谈的过程中，不可避免地会出现观点不一致的情况，此时老年服务人员一定要学会控制自身情绪，尽量抑制内心争论的冲动。聆听是为了理解，而不是为了反驳或争辩。

9. 避免虚假的反应

在老年人表达完自己的意见和观点之前，老年服务人员不应该轻易地做出"好！我知道了""我明白了""我清楚了"等反应，否则可能会给老年人留下"不耐烦"的印象。

10. 配合非语言交流方式或实物，使老年人更易于理解

在与老年人交谈的过程中，可以运用非语言沟通方式。例如，面部表情、手势、眼神或者书面语言等辅助信息的传递，加深老年人的理解。

11. 保护老年人隐私

要注意保护老年人的隐私，尽量选择干扰较少的沟通环境；遵循保密原则，不随意向他人透露交谈内容，但在老年人的问题可能会危害到自己或他人时，要及时告知其家属及相关照护人员；当着老年人的面，勿与他人窃窃私语，以免引起误会。

12. 常用自我介绍

在与老年人沟通的过程中，要经常做自我介绍，帮助增强老年人认知能力。

13. 控制治疗性会谈时间，会谈内容清晰

与老年人沟通的时间不宜过长，内容不宜过多。对老年人进行治疗性会谈时，最好一次只给出一个指令或者提示，并尝试把动作分解为几个步骤。

（二）积极倾听

在沟通过程中，积极倾听是一种很好的沟通方式，不仅可以鼓励对方继续说下去，还能保证倾听者理解对方所说的内容。积极倾听能够促使表达者更加积极地厘清自己的思路，选择更好的方式进行表达，从而使倾听者能够更准确地了解表达者的感受与想法，达到更好的沟通效果。积极倾听的过程主要包括四步。

1. 准备

在进行沟通之前，我们可以根据事件的发生及老年人的性格特点，推测对方可能会对谈话出现的反应。同时，我们需要从自己的情感和需求两个方面做好倾听准备，并观察老年人是否已经做好了谈话的准备。

2. 接收信息

在与老年人谈话的过程中，老年服务人员需要筛选去除无关信息，把主要精力放在与本次沟通目的相关的内容上。

3. 注意力集中

心理学家研究结果显示，平常人说话的速度是每分钟120～180个字，大部分人在一分钟内能听600～800个字，这意味着人的大脑处理信息的速度是讲话速度的4～5倍。很多时候，对方只说了几句话，我们就能推测出对方想要表达的信息，在对方继续述说时，我们的注意力就容易分散，出现开小差的现象。因此，一个积极倾听的老年服务人员，要排除杂念，全神贯注地将注意力集中到听觉上，才能让老年人乐于畅谈。

4. 赋予含义

要想深刻理解老年人想表达的意思，老年服务人员必须把自己放在老年人的立场上，暂时搁置自己的思想和情感，调整心态，进入老年人的世界，产生共情，才能理解老年人的真实意图。

积极倾听是一项艰苦的工作，特别是有些老年人会反复述说同一件事情，要想成为一名有效的老年服务倾听者，首先就要拥有成为一名倾听者的意愿，要关注老年人的感受，并且努力地去聆听、理解老年人。如果老年服务人员不愿用心去聆听和理解老年人，给予老年人再多的建议和劝告也无济于事。

三、老年服务中的环境语言

环境是沟通的必备要素，所有的沟通都必须在具体的环境中进行，信息和情感的传递和交流是通过时间环境与空间环境进行的，因此环境必然会对沟通造成一定的影响，尤其是在老年服务沟通中。在日常沟通中，环境语言主要是指时间环境、空间距离和环境氛围营造等方面。

（一）时间环境

沟通时间的选择，可以反映出沟通主体对沟通事项及对象的态度。在老年服务中，时间是一个很重要的因素，会影响服务的质量和沟通的成败。如何选择时间段，不同的老年服务内容应该安排在什么时间，都是环境语言沟通的重要内容，这些安排在一定程度上可以表达出对服务的重视程度及所希望达到的效果。选择合适的沟通时间可以使服务达到事半功倍的效果。

例如，每年冬天，陈爷爷喜欢在屋里烧火取暖，社区工作人员多次上门解释这样做容易引发火灾且对身体健康有害，陈爷爷根本不理会，还很反感。有一天，社区工作人员与陈爷爷偶遇，陈爷爷兴高采烈地告诉工作人员他的孙女有了宝宝，他当曾祖父了，还给工作人员看小曾孙的照片。工作人员恭喜说："陈爷爷，恭喜恭喜，小宝宝真是可爱啊，到时候小宝宝来您家我们也来看看。家里最好也拾掇拾掇，给宝宝接风洗尘。您可别烧火取暖了，孩子受不住，空气不好，产妇也不舒服。"陈爷爷连连点头："对对，不能再生火，可不能呛到我孙女和娃儿。"工作人员趁着陈爷爷心情好的时候说这件事，并站在他重视的亲人立场上，终于成功说服了陈爷爷。

此外，在与老年人交流的过程中，应根据老年人不同的生活状况而选择适当的时间。如果要通知老年人或者讨论重要事项，应选择在早上和午休后老年人精神较佳的时候，而不要选择入睡前等精神状态较差的时候。如果要进行康复锻炼，最好选择在饭后休息一段时间后进行。表 7-1 所示为某养老机构的普通区老年服务人员一天的工作流程，根据需要合理地安排老年服务人员的服务内容，能有效提升服务的质量。

表 7-1 普通区老年服务人员一天的工作流程

时间	活动安排
07：00	问候老年人，将开水送到老年人房间
07：30	协助老年人用早餐，送饭给有需要的老年人
07：50	交接班，做好交接记录
08：30	全面打扫清洁，整理床铺，清洗老年人衣物
09：00	组织老年人参加各项活动
10：00	组织老年人进行康复运动
10：30	协助用餐及餐具清洗，为有需要的老年人送饭
12：00	安排午休，巡视老年人午休有无异常
14：00	问候老年人，将开水送到老年人房间
14：30	对老年人进行心理护理，组织老年人休闲活动
15：00	整理老年人房间，督促洗头洗澡
16：00	将洗好晾干的衣物送回老年人的房间
16：20	协助用餐及餐具清洗，为有需要的老年人送饭
17：15	进行交接班，做好护理记录
18：00	组织老年人看电视、运动
19：00	督促睡前洗漱，协助有需要的老年人洗漱
19：30	清点人数，检查水电及安全设施，检查老年人用电及安全情况，关好门窗，巡查每位老年人的房间，严格按照值班人员职责做好每位老年人的相应护理工作

（二）空间距离

沟通时可以通过距离和位置显示身份、地位的信息，对于沟通双方都会产生显著的心理效应。一些学者的研究发现，空间距离会对学生的课堂参与度产生一定程度的影响，参与度较高的学生在前排中间位置，而在后面和两侧的学生的课程参与度则会有所下降。在日常生活和工作中，空间距离这种沟通语言无处不在。例如，在办公室进行会谈时，来访者坐在上级办公桌前方，表示上级是主人，处于主导位置。在中国人的聚餐中，就餐位置显示的主宾之分更为明显，地位最高者居于正中，面门为上。中国传统以左为尊，位次最高者左边第一个位置为第二重要，右侧第一个位置为第三重要，其他客人、随行人员以位次最高者为中心，按职务、辈分依次落座。

在服务沟通的场合中，人与人之间的空间距离分为亲密距离、个人距离、社交距离及公众距离，它们分别表达四种不同的含义。

1. 亲密距离

相距 0～50cm 属于亲密距离，亲密距离用于非常亲近的人之间。它分为两种情况，一种是近位距离，在 0～15cm，属于亲密无间的距离空间；另一种是远位距离，在 15～50cm，是可以肩并肩、手挽手、说悄悄话的空间。公众场合通常不适用这种距离。

2. 个人距离

相距 0.5～1.2m 属于个人距离，是人们进行非正式个人交谈时保持的距离，方便双方观察对方的谈话反应。在这一距离内，双方可以亲切地握手和触碰，谈话双方有一种亲切感。

3. 社交距离

相距 1.2～3.7m 属于社交距离，当与交往对象不是很熟悉时，通常会保持一种社交距离。在工作环境中，领导布置任务、听取汇报等一般也保持这个距离。它体现了一种较正式的人际关系，也体现了交往的庄重性。

4. 公众距离

大于 3.7m 属于公众距离，又称演讲距离，是人际接触领域中的最大距离，也是所有人都可以自由进入的空间。在公共距离下，人们相互影响和交流的机会较少。小型活动时发言人与听众之间的距离，教师讲课时与学生之间的距离，文艺演出时演员与观众之间保持的距离等，都属于公众距离。

在通常情况下，个人距离是老年服务人员与老年人进行交谈的最理想距离，这种距离会让双方都感觉比较舒适。距离影响服务质量，在与有听力障碍的老年人沟通时，要注意拉近距离，使其能看到服务人员的面部表情和口型，能更好地理解服务人员的沟通信息。在与视力衰退的老年人沟通时，服务人员可拉近距离，让其听清楚语言沟通的内容。当服务对象是坐在轮椅上行动不便的老年人时，沟通时应尽量弯腰俯身，以表示尊重和关注。在环境较为嘈杂的地方沟通时，以拉近沟通距离代替提高音量和声调的沟通方式，是更为尊重老年人的做法。合适的沟通距离应不断地根据老年人的反馈进行调整。

（三）环境氛围

1. 颜色语言

视觉会对人的沟通心理产生不同的影响，当人的眼睛接触到不同的颜色，大脑神经也会做出不同的联想和反应，因此色彩对人的心理有直接的影响。研究表明，环境的颜色会对沟通双方的心理和感情造成一定的影响，例如红色、橙色、黄色容易使人激动和兴奋。如果地板、墙壁、天花板和家具的色彩鲜艳，会使人血压增高，心脏跳动加快，大脑活性增强。而在清凉的颜色环境中，人的生理机能都能得到正常发挥。例如，蓝色是冷色，具有镇静的效果，而绿色则使人安详、平和。

颜色作为沟通语言，在老年心理辅导中起着非常重要的作用。例如，在老年心理咨询室的设计方案中，室内要以温暖、平静的色调为主，避免强烈刺激的色彩或过于灰暗的颜色，墙壁粉饰宜采用浅色偏明亮等淡雅、恬静的色调，不宜过于跳跃或凝重，以达到舒缓心绪的目的。室内的光线要柔和，营造出一种温馨的气氛。良好的咨询氛围可以使老年人的情绪保持平静轻松，还能集中注意力。

2. 陈设语言

与颜色语言相对应，环境陈设所营造的氛围也是沟通语言中不可或缺的一部分。物件的陈设、多件物品的组合，都在无言地释放着一定的沟通信息。在老年心理照护中，同样也要运用陈设语言。例如，咨询室内的沙发要求线条简洁，具备舒适和柔软等特质，不宜使用硬质座椅；地面采用仿木质地板，可减少坚硬冰冷的感觉。沙发的摆放角度和距离，要让咨询师和来访的老年人既能互相捕捉到对方的目光，又不至于因为目光的直视导致心理紧张，以方便老年人在一种相对安全舒适的环境下真实地展示自己。尽量避免正面放置沙发，以免来访的老年人与咨询师直接面对面时，因冷漠、紧张产生防御心理。另外，在摆设上，应遵循温馨亲切的理念。例如，茶几的颜色质地要与整个房间相协调，可以摆放纸巾、水杯、花卉等富有生机和生活气息的装饰物。墙壁上的挂画和装饰图案适宜选择一些生机盎然的植物，优美且色彩温和宁静的自然景观等，这些陈设可以让来访的老年人心情舒畅。同时播放舒缓的背景音乐，营造轻松舒适的环境氛围。

养老机构在老年服务沟通中营造良好的环境氛围，也是提高服务质量的有效途径之一。例如，某家养老机构专门开设怀旧展馆，工作人员费尽心思，收集了一些五六十年前的生活和劳作用具，比如石磨、簸箕、竹制生活用品、扁担挑篮等，在展馆内以开放的方式展出。借助这些与老人成长生活时期相关的物品，使老年人怀旧和追忆往昔生活的心理需求得到满足。这个展馆深受老年人的欢迎，很多老年人经常在此逗留。居住在该养老机构的老人普遍感到院方非常人性化，能够考虑到他们的多方需求，老人们感叹院方能收集到那么多物品，让他们在看到的瞬间感动万分。

第三节　与老年人有效沟通的技巧

一、有效沟通的原则

有效沟通是指为了一个目标，将信息、思想和情感在个人或群体间进行传递，从而在理解他人的同时被他人所理解，最终达成一致的过程。与老年人的有效沟通属于一种特殊的人际沟通，包括通过语言、手势、行为、神态等方法与老年人进行信息和情感的交流，收集老年人资料、确立问题、提供信息和情感支持。要与老年人进行有效沟通，必须把握一些原则，包括态度、言语技巧和许多细节。

（一）主动

主动沟通是一切交往的先决条件，在与老年人沟通时，要采取主动的态度，因为大多数老年人普遍存在很强的防备心理，所以要积极主动地和他们进行交流，使他们感到被关心。

（二）真诚

老年人最希望得到的是真诚的投入和诚挚的对待。老年服务人员只有敞开心扉、摒弃成见，才能充分地表达自己，最终被老年人接纳。

（三）倾听

老年人喜欢倾诉，在沟通中，鼓励老年人畅所欲言，耐心倾听老年人诉说，是对老年人的支持、尊重和鼓励。老年服务人员在倾听的同时，还要了解老年人说话的动机。切记不要盲目判断，应多倾听、多理解，再反馈。要注意不对老年人的思想或生活事件妄下结论，要站在老年人的角度去思考问题。

（四）注意语言和非语言信息的恰当融合

老年服务人员要自觉调整自己，做"自然的我"，把真诚、善意和希望通过恰当的方式传递给老年人，获得老年人的好感及信任。要保持微笑，微笑可以让老年人深刻感受到自身存在的价值，感到自己是被家人、朋友或社会所关注、所理解、所需要的不可替代之人。

（五）保持耐心

在与老年人的沟通过程中，要给老年人充足的反应时间。随着老年人年龄的增长，身体机能的衰退，有的老年人出现行动不便、说话不清或迟缓的情况，有时需要一定的时间来做出反应，要等老年人表达后再给予补充。

（六）多与老年人接触

在与老年人聊天时，如果握住老年人的手，老年人会在心理上感觉和你亲近，也可以拍拍老年人的手背、不时地点头，这些都是积极的鼓励。

（七）避免争执

在与老年人沟通时，如果遇到不同意见，不要着急争辩，要把老年人的感受放在首位，再慢慢与其沟通具体的问题。

（八）随机应变

每一位老年人的特点及需求各不相同，除基本态度与技巧外，也要因时因势，采取相应的行动和表达方式，以建立良好的关系，达到更好的服务效果。例如，对自闭老年人或比较内向的老年人，需要花费更多的时间和精力，对他们进行深入的了解和沟通，取得老年人的信任，让他愿意和你亲近。在为残障或生活不能自理的老年人提供服务时，一定要提前了解服务对象的基本情况。

二、有效沟通的技巧

（一）做好沟通的前期准备工作

1. 自我准备

自我准备包括认识老年人、调整自我状态及自我形象。

（1）认识老年人。老年服务人员要掌握老年人的基本信息,设身处地为老年人着想,体谅老年人的处境，理解老年人的苦衷，看到老年人的优点，不嫌弃老年人。例如，老年人因为某件事情反复唠叨很长时间，我们要有足够耐心去倾听，顺应其心理状态及社会处境，避免造成不快。老年人记忆力减退，往事历历在目，近事模糊不清，但他们又不愿意被人说记性差。所以,当再次见到老年人时,应避免问"您还记得我吗?"而改为"我又来看您啦!"这会让老年人觉得自己被重视、被尊重,从而感到高兴。

(2)调整自我状态。与老年人沟通前要进行自我对话,了解自身观点与感觉,了解自己即将面对老年人的感受,反省自己是否能够做到无条件接纳老年人,是否能耐心倾听,是否能够诚恳沟通,在沟通中遇到老年人不配合时能否保持冷静并进行专业分析,避免对老年人产生偏见和歧视等情况。

(3)调整自我形象。与老年人见面时,服装色彩尽量明快,姿态应端庄而放松,神情自然、面带微笑、声音洪亮,可适当使用微笑、赞美、幽默等。但如果老年人极度痛苦时,应收敛笑容,给予关心。对老年人的赞美要真诚得体,尽量具体。例如,赞美其服饰、特长等。

2. 了解对方

老年服务人员要了解老年人的身心状态和生活习惯,尤其是作息时间、爱好及忌讳。由于老年人退休后生活圈子发生了改变,生活目标也有了转移,我们宜选择一些老有所乐和老有所为的主题,例如忆往事、唠家常、谈保健等,并且要掌握好时间。除此之外,还需要了解老年人常见的沟通障碍。

3. 环境和时间安排

与老年人沟通要保证充足的时间,并给老人提供通风良好、光线充足的舒适环境。要保证能清楚地看到对方的脸,氛围轻松活跃,彼此之间的距离以1m内为宜。未经老年人允许,勿随意移动或摆弄其居室的物品。此外,还应该考虑到其他一些可能会对谈话产生影响的因素。例如,当老年人谈及与亲戚之间的关系时,应选择谈论对象不在的时间或场所。在时间地点的安排上,要充分考虑老年人的需要,征询老年人的意见。

4. 掌握沟通技巧,准备沟通内容、所需道具等

沟通前要明确沟通目标,即通过沟通想达到的预期目标,包括制订沟通计划,选择沟通环境、沟通方式、开场白、结束礼仪等一系列具体细节。同时还需要对沟通中可能出现的问题做好准备。沟通中遇到难题是很常见的事情,但是如果能进行事前预测并做好应对准备,就能使沟通得以顺利进行。

(二)扮演好沟通中的多重角色

沟通中的角色包括信息发送者、信息接收者及信息反馈者。

1. 信息发送者

信息发送者需要根据老年人的特点,选择恰当的表达方式,确保信息有效发送。

要保证信息的顺利发送,首先,需要良好的开端,要有礼貌的问候。初次见面时需要进行简单的自我介绍,明确所讲的内容。为了更好地了解对方的情感和需求,应选择开放式提问,抓住关键词。例如,"您感觉怎么样?"这可以给对方自由发言的机会,拓宽交谈范围。

其次,要根据老年人的年龄特征,选用合适的表述方法。对于听力良好的老年人,

可以多用语言交流,而对于有听力障碍的老年人,可以结合非语言方式。对于有语言障碍的老年人,在有需要的情况下,应尽量达成共识。例如,利用手势、文字或图画、符号等替代日常语言。对于有心理障碍或自闭倾向的老年人,要解其"心结",需花费更多的时间,用加倍的耐心和爱心去融化老年人的内心,直到老年人开口说话。

再次,说话要清楚,缓慢,语调适中。如果对方听力下降,则应稍微提高音量,或靠近耳边说。

最后,语言信息和非语言信息的表达要保持一致。交谈时应拉近距离,弯腰或坐下,面对面,目光相对,视线不要东张西望,左顾右盼。要让老年人感到平等,受到尊重。例如,某位老者来到市红十字会寻求帮助,一位工作人员见到这位老者,微笑着问道:"请问您有什么需要?"在老者诉说的过程中,他一边"嗯,嗯"地回应着,一边看着自己的电脑。等老者讲完之后,工作人员客气地说:"好的,我了解了,您先回去等我们消息吧。"老者很是失落。这时候另一位工作人员注意到了老者的失落情绪,赶紧走过来,拉住老者的手说:"爷爷,您过来坐一会儿,一路走过来肯定辛苦了,我给您倒杯水,您有时间可以跟我聊聊。"老者看着这位工作人员,紧握着她的手说:"谢谢哦,太麻烦你了。"工作人员将一杯茶递给了老者,在他面前坐了下来,并说道:"我刚刚大概了解了您说的情况,您还可以说得更详细些吗?"老者慢慢放松了许多,开始认真讲起他的问题。工作人员不时点头,在征得老者的允许后,开始记录。

2. 信息接收者

接收信息时,要注意观察、倾听和解读对方的非语言信息。观察内容主要包括三方面:活跃情况、情感变化及语言和非语言信息的一致性。

首先,观察老年人在交流时是否活跃。如果老年人低头、垂肩、弓背,动作迟缓拖拉,说话有气无力,说明此时老年人沟通的精力较弱。反之,如果老年人精神饱满、动作轻快、声音洪亮,则说明其此时精力旺盛,易于沟通。当然,这里也要考虑老年人的健康状况,有些老年人虽然非常愿意沟通,但由于受到疾病困扰,其沟通能力不够强。

其次,注意关注老年人的情感变化。观察老年人的面部表情是否有忧郁迹象,各种动作是否自然灵活,饮食、睡眠等是否改变。听老年人说话最容易判断出其是否愉快,例如语气的抑扬顿挫等。

最后,要特别留意老年人的言行是否一致。对于不一致之处要重点关注,它往往是问题的根源所在,需进一步了解。如果老年人神情低落,垂头丧气,心神不定,却说"我心情很好",这说明对方可能此时情绪很糟糕。例如,志愿者小何去养老院探望老年人,他发现一位老太太孤零零地坐在床上,离志愿者和其他人远远的。小何走过去,老太太赶紧放下手中的裤子,塞到床脚,然后侧身斜对着小何。小何试探着问道:"奶奶在忙什么呢?我没有打扰到您吧?"老太太低着头,很快地回答小何:"没有,没有,我没有忙什么,你也没有打扰到我。"但是小何发现老太太的双手一直在颤抖,嘴巴也在哆嗦。事后小何了解到,当天老太太接到女儿的电话,女儿由于工作太忙,最近又不能过来探望,而且距离上一次探望已经有半年时间了,老太太手里拿的正是女儿很早之前买给自己的裤子。老太太思念女儿,心里很难过,但又怕别人发现,影响大家的情绪,只能自己默默地流泪。

3. 信息反馈者

没有反馈，就无法做好沟通。在与老年人沟通过程中，要做好反馈，掌握"听"与"说"的节奏。

首先，要注意反馈的时机。注意发送和接收信息角色的切换节奏，由于大脑在接听信息时的思考速度远远超过表述时的速度，所以不能随意插话打断老年人的诉说，需保持适度的沉默或停顿，以便对信息进行有效的梳理，之后再将意思充分表达出来。

其次，需要积极地倾听。积极倾听有助于老年人的自我表达和自我理解。倾听过程需要给对方充足的时间，要专心致志、抓住主题，还需要在聆听过程中进行思考，短时间内将信息进行综合分析，及时予以积极的反馈，反馈内容应涵盖事件、感情、意义三个层次。注意反馈时要使用浅显易懂的语言，并对重点加以强调。例如，吴奶奶是一位独居老人，退休前是一家医院的护士长。她的孩子都在外地工作。这段时间，吴奶奶的身体很不好，眼睛几乎失明。她变得很沮丧。当朋友或邻居邀请她参加一些活动时，她说什么也不去，总说自己不感兴趣。作为社区工作人员，家访时可通过提问达到共情效果："奶奶，最近身体不好，是不是给您带来很大的心理负担？您曾是一名医护人员，帮助很多患者康复，现在自己退休了，面对自己的疾病却束手无策。加上您的视力问题，让您觉得自己从一个很有用的人变成了需要别人帮助的人，您觉得很挫败、很无助、很惊慌，是吗？"

最后，要做好沟通的结束工作。既要结合之前的沟通计划，又要考虑当时的实际情况。在结束阶段，一般不会再提新问题，如果确有需要，可以根据实际情况来决定下次沟通的时间和内容。结束之时，要与老年人分享自己的感受，感谢对方配合。

三、促进老年人沟通能力的活动建议

（一）鼓励老年人多接收信息活动

与老年人一起收听广播或看电视时，可以选择老年人喜欢的内容，也可以向老年人推荐内容，并用生活化的语言向老年人介绍其中的内容。

收集有趣的新闻、热点话题，并与老年人分享和讨论。既可以和老年人一对一地进行讨论，也可以通过老年小组或者茶话会的形式完成。

鼓励老年人参加感兴趣的主题演讲或座谈会。例如，健康保健、疾病预防、隔代教养等主题。

（二）鼓励老年人多说话

与老年人沟通时，可以让老年人回顾自己的人生经历。通过怀旧的方式，让老年人回顾他们过往生命中最重要、最难忘的时刻，在回忆中重新体验快乐、成就、尊严等多种有益身心健康的情绪；还可以运用生命回顾的方法，即通过对以往的成功和失败经验的生动回忆，鼓励老年人讲述整个人生的经历。以代笔或录音等方式，鼓励老年人多与他人交流。还可以举办老年主题活动，鼓励并邀请老年人传授专长或经验。

（三）促进与老年人之间的双向沟通（与日常生活相结合）

老年服务人员可以通过组织活动的方式，促进自己与老年人以及老年人之间的双向沟通，具体可参考以下活动方式。

（1）一起共进晚餐，尽情欢唱，畅谈彼此关心的问题。例如，饮食习惯，老年人的健康，时下热点话题等，注意交流彼此的想法。

（2）制订回忆计划，大家一起看相片、录音带或录影带，谈论共同熟悉的人与事物。

（3）到公园或庭院的树下休闲，一起收听广播，喝茶聊天。

（4）一起做一些事情，例如运动、散步、购物、跳舞、园艺、聚会等。

（5）策划一次活动、旅行或聚会，与老年人一起探讨筹备事宜，强调过程参与与计划的共同完成。

习题

1. 在工作环境中，领导对部属布置任务时属于（　　）。
   A. 亲密距离　　　　B. 个人距离　　　　C. 社交距离
   D. 公众距离　　　　E. 合适距离

2. 在老年服务沟通中，工作者与老年人交谈最理想的距离是（　　）。
   A. 亲密距离　　　　B. 个人距离　　　　C. 社交距离
   D. 公众距离　　　　E. 合适距离

3. 沟通前的准备工作不包括（　　）。
   A. 自我准备　　　　B. 了解对方　　　　C. 环境和时间安排
   D. 反馈工作　　　　E. 准备沟通内容

4. 与老年人交流语速应该为每分钟（　　）字。
   A. 100~120　　　　B. 120~140　　　　C. 140~160
   D. 160~180　　　　E. 180~200

5. 小黄在出差途中，与邻座一位老大爷聊天。小黄说："哎，你几岁了？"老大爷说："三岁！"小黄十分尴尬，双方的交流中断。这是由于违反了语言沟通内容选择中的（　　）。
   A. 正确使用称谓　　　　　　　　B. 使用老年人易懂的语言
   C. 避免老年人忌讳的话题　　　　D. 用语清晰，具体并重复
   E. 以建议说服替代批评责备

第八章

与老年人首次见面的沟通

学习目标

知识目标
(1) 能够阐述与老年人首次见面的礼仪及基本常识。
(2) 能够举例说明与老年人首次见面的礼仪准备。

能力目标
(1) 能够灵活运用首次见面的各种礼仪规范,给老年人及其家属留下一个良好的印象。
(2) 能够取得老年人及其家属初步的信任。

素质目标
(1) 能够理解老年人的身心需求。
(2) 尊敬和关爱老年人。

初次见面留下来的印象对人整体印象的形成举足轻重,它是以后彼此之间交往的依据与铺垫。在老年服务中,与老年人的首次见面至关重要,它关系到以后的服务活动顺利与否。部分老年人性格相对比较固执,第一印象的好与坏很难改变,如果能通过首次见面给老年人留下美好的印象,建立良好的信任关系,对以后的工作开展多有裨益。

案例

小宋是一名刚毕业的智慧健康养老服务与管理专业的大学生,在校时多次获得奖学金,各种专业理论知识比较扎实。她应聘到某医养结合养老机构工作护理岗位上工作,想在工作岗位上一展拳脚,却在第一次见到张奶奶时手足无措。小宋见到张奶奶时,张奶奶正坐在轮椅上喝水,一阵剧烈呛咳后张奶奶漏尿了,小宋看着轮椅下滴漏的尿液一阵茫然,她没有想象过这个场景,不知道此时自己该如何是好,是正常打招呼?还是转身离开?

问题思考:

案例中,小宋应该如何做?

第一节 首次见面礼仪

与老年人的首次见面,指老年服务人员与老年人的第一次见面接触,有两种情况,第一种是老年服务机构新晋工作人员进入机构后与老年人的第一次见面接触;第二种是老年人第一次进入养老服务机构接受服务,例如新入院的老年人。首次见面,无论是老年人,还是老年服务人员,彼此都是陌生的,如果老年服务人员在首次见面中能给老年人留下美好的、可信赖的印象,在今后的各项工作中老年人也会积极配合。

一、首次见面的注意事项

(一)取得信任

在首次见面的时候,老年服务人员应主动地进行自我介绍,必要时将工作证件给老年人查看,并向老年人说明本次谈话的目的及所需要的时间,在取得老年人同意后展开与老年人的第一次交谈。

(二)态度

俗话说,态度决定一切。良好的态度是良好事态的开始。与老年人首次见面时,在老年人面前,应谦虚有礼,和蔼可亲,脸面上带微笑,让老年人感受到你的亲切和诚意,如此老年人才不会排斥与你的进一步接触。

(三)语言及音量

步入老年后,人的身体功能开始退化,听力也在降低,会让部分人错误认为与老年人的交谈需要大音量,要尽可能地大声嚷嚷。其实不然,和老年人交谈时,我们可以将说话的语速减缓,用适中的语调、柔和的语气耐心地交谈,同时需要我们在交谈过程中去观察老年人的表情及反应,判断对方的需要。

(四)用心交流

首次见面,要注意礼貌用语,多用"××爷爷、××奶奶、您"等日常礼貌用语,多赞美与肯定对方,让老年人觉得自己受到尊重。俗话说:"眼睛是心灵的窗户",在交谈过程中，要和老年人保持一定时间的眼神接触，否则会让老年人觉得你不关注他，同时可以运用适宜的身体接触拉近彼此的心理距离，例如可以握住对方的手交谈。

（五）真诚赞美

在与老年人的交谈过程中，我们要真诚、慷慨地多赞美老年人。老年人的某些性格像小孩，喜欢被表扬和夸奖，如果在交谈过程中得到肯定和表扬，就能增加交谈气氛的活跃度，有利于谈话的进行。

（六）视觉角度

与老年人交谈时，要注意视觉角度的选择，最佳的视觉角度是与老年人保持平视，平视可以让老年人感觉在人格上与你平等，满足得到交往对象重视的心理需求。因此，在交谈中注意不要让老年人抬起头仰视你或者与你距离过远，否则容易给老年人造成高傲、难以亲近的感觉，这样不利于交谈的顺利进行。

（七）耐心

很多老年人有多次重复述说一句话或者一件事情的现象，当老年服务人员遇到此种情况时，不要打断老年人的述说或者表现出敷衍等不耐烦的态度，要耐心倾听。有时候老年人的抱怨和唠叨，目的并不是要我们去解决问题，只是希望通过倾诉得到他人的理解和关注，因此对于老年人的要求，老年服务人员要理性分析，满足其合理的需求，不能一味地有求必应。对于老年人的抱怨要及时给予疏导，不能让老年人一直抱怨下去，如果解释、劝说效果不理想，应该找个机会暂时岔开话题。

（八）谈话时间

与老年人交谈的时间应尽量控制在30分钟以内，长时间的交谈会使老年人出现躁动或者不安的情绪。在收集疾病健康史需要较长时间时，如果一次不能完成，可将谈话分次进行。在收集疾病健康史时，要评估老年人的表达能力叙述的可靠性，因此需要让家属和原来的照护者在场。老年人由于年龄、疾病等原因，唾液分泌减少，比较容易出现口干舌燥，谈话前可为老年人准备一杯温水。在谈话过程中如果老年人长时间沉浸在某件事情上，可以通过请老年人喝水或者巧妙提问引导老年人转移话题，回答你所需要收集的信息。

（九）话题的选择

沟通前可事先了解老年人的喜好，根据老年人的信息选择其乐于畅谈的话题，例如家乡、亲人或者年轻时有特殊意义的事情等，避免谈及老年人不喜欢及有可能引起老年人伤感的话题；也可以先谈论自己与老年人有相似经历的事情，引发老年人的共鸣，取得对方信任后再开展新的话题。在交谈过程中，把握谈话的分寸，不要过分好奇，除非老年人自己谈及，否则不要过多询问老年人的个人私事。例如"为什么您一个人？""为什么没有人来看您？"等。每个人都有自己不能为外人道的事情，有些在他人眼中觉得是稀松平常的事情，在本人心里，却可能是一道很深的伤疤，不要随意去揭穿老年人的伤疤，避免引发老年人回忆伤心往事。

（十）应变能力

如果谈话出现不顺利或者老年人情绪改变等，应暂停交谈，可以通过握住老年人的手或者轻拍老年人的手背等方式安抚老年人，待老年人情绪稳定后将话题带离不愉快的内容。尽量不要劝说或者反驳老年人的观点，他们活了大半辈子了，如果被年轻人反驳会认为是没面子，因此要尽量顺着他们的观念往下聊。此外，在交谈时不要发表太多个人意见，每一位老年人都有个人独特的人生经历和相对丰富的人生阅历，作为晚辈，要注意使用"请教一下您""听君一席话胜读十年书"等谦辞，为老年人提供发挥余热的舞台。

二、首次见面前的准备

与老年人首次见面前需要做好自身准备、了解老年人基本信息及环境准备三个方面的工作。

（一）自身准备

1. 仪容

女性老年服务人员不化浓妆，在扬长避短的基础上化淡妆；头发保持干净清爽，前刘海不要遮住眉毛，长发过肩要盘起来或者扎成马尾；不留长指甲，不涂指甲油。男性老年服务人员头发勤洗勤修剪，保持清爽；不留胡子，不留长指甲。

2. 仪表

女性老年服务人员不穿过紧、过露、过透的衣服，根据岗位需求选择合适的着装。男性老年服务人员不穿背心、短裤和拖鞋，可以不选择西装、衬衣等比较正式的着装，但是必须符合整洁、大方、得体的原则。在与老年人第一次见面时塑造端庄、稳重、亲切的形象。

（二）了解老年人基本信息

老年服务人员在与老年人见面前，可以通过电话询问家属或者查看老年人的体检报告、入院记录、交接班记录等档案资料，了解老年人的性格、喜好、身心状态、人际关系等，特别是作息时间、饮食、兴趣爱好及忌讳等信息，为见面交谈提供一定的基础，以使见面交谈顺利。例如，老年人的听力、视力、理解能力及表达能力等存在障碍，可事先准备一些图片、相片、老花镜等物品。

> **知识链接**
>
> **老年人常见的沟通障碍**
>
> **1. 生理因素**
>
> 老年人随着年龄的增长，身体各功能出现退行性变化。例如视力、听力衰退，反应速度减慢；记忆力减退，主要表现在短时记忆能力障碍，导致老年人会反复唠叨，影响沟通效果。如果老年服务人员表现出厌烦、敷衍等情绪，会使老年人有所顾虑而不敢畅

所欲言。

2. 心理因素

部分老年人存在缺乏自信或因对别人缺乏信任感而不敢、不愿与人沟通；还有的老年人自视过高、轻视别人，不屑与人沟通。老年服务人员在与老年人谈话时，应注意辨别老年人的心态，选择适宜的谈话策略，保证沟通的有效性。

3. 媒介因素

老年人普通话水平不高，并且由于对新近时代用语、网络流行用语不理解或者排斥等原因，容易出现沟通障碍。老年服务人员与老年人谈话时，要注意语言文字的组织，注意使用通俗易懂的话语。

4. 疾病因素

部分老年人因心脑血管病、阿尔茨海默病等疾病的影响，导致理解力及表达力下降，部分老年人因抑郁症影响沟通意愿。老年服务人员可以采用手势、肢体活动等非语言沟通的方式进行沟通。

5. 环境因素

不合时宜、场所嘈杂狭窄、光线过强或过暗、周围气味难闻、空气污浊、温度过高及过低等均会影响谈话的进行。因此，老年服务人员在进行与老年人的谈话前，要做好环境准备。

老年人常见心理问题及应对建议

国家统计局在2023年年初发布的关于人口的最新数据中提到，2022年年末，我国60岁及以上人口共计28004万人，占全国人口的19.8%，其中65岁及以上人口20978万人，占全国人口的14.9%，我国进入中度老龄化社会。如何让老年人安享晚年，成了当下社会的重要议题。当前，我们对糖尿病、高血压等慢性躯体疾病往往十分重视，却忽视了老年人心理健康问题给晚年生活带来的破坏性。老年人可能由于身体生理功能的进一步衰退，以及各种生活事件的不断增加，当遇到不可抗拒的社会生活事件时，容易导致比较严重的情绪变化，甚至发展为抑郁症等严重的精神问题。

1. 老年人常见心理问题

（1）离退休综合征

有些老年人不能适应退休后生活的突然改变，出现情绪消沉和偏离常态的行为，甚至引起疾病的发生，加速老化过程。这往往与老年人退休前缺乏足够心理准备、退休前后生活境遇反差太大、存在个性缺陷或适应能力差、社会支持系统缺乏、价值感丧失相关。

（2）空巢综合征

老年人生活在"空巢"环境中，由于人际关系疏远而产生被疏离、舍弃的感觉，出现孤独、伤感、精神萎靡、情绪低落等一系列心理失调症状。特别是丧偶事件，丧偶对老年人打击影响最大，是所有生活事件中最具影响力的，老年人的情绪容易变得极度低落、沮丧、恐惧，感到自己也时日不多。若还有子女出国、与子女分居两地等情况，使老年人的情绪受到更大的影响。

（3）高楼住宅综合征

有些老年人由于长期居住于城市的高层闭合式住宅里，很少与外界交往，也很少到户外活动,因此会引起一系列生理和心理上的异常反应。

2. 应对老年人心理健康问题措施建议

世界卫生组织先后提出积极老龄化和健康老年化的概念,前者强调老年人要维持自身健康的潜在能动性和社会价值。后者则强调延长老年人独立健康期限,保持心理和精神的良好状态。我们可以通过以下方法调动老年人自身的潜能,提高心理健康水平。

(1)转变观念,引导老年人树立老有所用、老有所为的新观念

我们应该改变"人老了就不中用"的刻板印象。老年人虽然生理机能和精力不如以前,但是其过往人生中积累的丰富经验和技能仍能为社会做出贡献,例如从事解说员的志愿服务,利用自身技能帮助社区居民维修电器设备的志愿服务等,这些活动对于老年人满足自我实现的需要非常有利,能够不断提高其自我效能感。同时我们应该鼓励老年人完成以前想干而没有时间干的事情,重建退休后的生活。

(2)注意日常生活中的心理保健,教会老年人及时消除和"转化"不良心理

应鼓励老年人表达情感,与他人分享心中的感受。通过听音乐、培养健康的兴趣爱好达到丰富老年生活的目的。对老年人的负面情绪要充分理解,并时时给予劝导,指导老年人妥善解决家庭问题,并鼓励老年人积极获取应对负面情绪相关技巧的资源,自己进行心理调适。适量的运动和充足的睡眠也有助于消除因压力引起的身体紧张反应。

(3)营造良好的社会支持系统,老有所养,老有所助,老有所乐

目前,以老年人家属、朋友、邻居等为主的社会支持网络已成为促进健康老龄化相关研究的关注点。其中家庭的支持必不可少,子女们可以利用休息的时间,多探望陪伴父母。丧偶老人可以通过再婚填补晚年生活的孤独。另外,老年人应多走出家门,主动与朋友、邻居维持适当的互动。街道社区应积极为老年人提供文化体育活动场所,组织开展文化体育活动,实现老年人娱乐、健身、文化、学习、消费、交流等方面的结合。

资料来源:https://new.qq.com/rain/a/20220707A02DYF00.

(三)环境准备

与老年人见面宜选择在灯光柔和、温湿度适宜、通风良好、不受或者少受外界干扰的办公室、会议室等环境舒适安静的地方进行,在交谈前关闭电视机,根据需要关门关窗,并请家属暂时离开。

三、首次见面的礼仪

(一)首次见面的基本原则

老年服务人员与老年人的首次见面,首要原则是要给老年人留下稳重、大方得体的良好印象,要做到微笑友善、言谈亲切、举止自然。

1. 微笑友善

面带微笑比言语上的招呼更容易感染人。在与老年人首次见面时,一个亲

切自然的微笑，能让老人感觉到温暖和安全，而发自内心的微笑就是最自然的微笑。在首次见面时，要用温柔、真诚、自然、友善及热情的微笑敲开老年人防备的心门。

2. 言谈亲切

微笑后的招呼一定要注意礼貌用语，例如"您""请""抱歉"等；在称呼老年人时，要带上对方的姓，例如"××奶奶""××爷爷"，让老年人感到自己是受到尊敬的。在与老年人首次见面过程中，要注意语言交谈中应该主动而有耐心，说话时要语速缓慢、吐字清晰，根据老年人的具体反应调整说话的音量，不冲着老年人大声嘶吼，适时给予老年人真诚的赞赏，多给予肯定，不必急于表现自己，认真倾听，适时回应，以不变应万变。

3. 举止自然

当老年服务人员在站立状态与坐在椅子上的老年人交谈时，可以弯腰俯身拉近与老年人交谈的距离，这样能带给老人耐心倾听的感觉。首次见面，可以与老年人亲昵地进行双手握手，表示对老人的好感和尊重，但不宜表现得过分亲热，因为第一次见面还没有完全得到老年人的信任。如果是坐着交谈，老年服务人员的坐姿要保持端正大方，不跷二郎腿、不抖腿。如果需要用蹲姿与老年人交谈，女性老年服务人员需弯下膝盖，双膝并拢，臀部向下，让上身保持直线或稍向老人倾斜，男性老年服务人员下蹲后双腿可以稍分开。

（二）首次见面的不良表现

1. 喧宾夺主

与老年人的首次见面，应该以倾听为主，不要只顾自己说，也不要离题十万八千里地高谈阔论。如果老年人说话偏离了主题，可巧妙地引导老年人回到主题。

2. 说长道短

俗话说："无道人之短，无说己之长。"与老年人的首次见面，不要谈论他们的不足之处，也不要夸赞自己，如是老年人主动提起这方面的话题，也应巧妙地避开。

3. 刚愎自用

在与老年人的见面谈话中，我们应掌握主动权，尽量按照计划进行谈话，但同时也要观察老年人的反应，做到随机应变，不能仅凭自己的主观意愿行事，更不能与老年人发生冲突。

第二节　打开见面话题

与老年人第一次见面，必然伴随着与老年人的沟通交流，是采取应付式的简短回答，还是像找到知音那样滔滔不绝，取决于如何开启见面话题。

一、老年人喜欢的话题

在接触老年人之前，可以通过查看档案或者询问家属了解老人的性格、生活习惯和喜好，选择老人喜爱的话题作为切入点。例如，老年人的家乡、亲朋好友、年轻时的事、爱好或一些喜欢的电视节目等。投其所好，避免提及老年人不喜欢的话题或敏感话题。老年人喜欢的话题主要有下面五种。

（一）老年人的家乡

对于移居或随迁到当地的老年人，他们对自己的家乡有着难以割舍的感情，家乡的人、家乡的事、家乡的饮食习惯、家乡的山山水水，每一样都有他们深刻的记忆。因此，当你引导老年人谈及自己的家乡时，老年人可能热泪盈眶地拉住你，一讲就是一整天。

（二）老年人的亲人

如果一些老年人以子女为骄傲的话，就特别希望别人跟他谈及自己的子女。每当提到子女，他们往往会向你透露，自己是如何教育子女成才，以及子女曾经让他们开心的或苦恼的经历过往。

（三）老年人的"当年勇"

每一位老年人在年轻时或多或少地做过几件令他引以为傲的事情，他们很乐于向别人，尤其是晚辈讲述自己的"当年勇"。当他们讲述自己年轻时的成就时，我们应该适时地给予赞扬和鼓励。这不仅是对他们的肯定，更是对他们经历的尊重和敬意。例如，当他们讲述自己曾经在某个领域取得过的优异成绩时，我们可以说："当年您真是太厉害了！我从您的经历中学到了很多。""我很佩服您在那个领域的专业技能和经验，希望我也能像您一样成功。"这样的赞扬不仅可以让他们感到被认可和鼓励，同时也可以让我们更好地了解他们的经历和故事，从中汲取经验教训，为自己的成长和发展提供借鉴和启示。

（四）老年人的兴趣爱好

老年人开始过上平淡的老年生活后，他们通常会喜欢上一些修身养性的事情。例如，养花、钓鱼、书法、下棋，等等。当老人拉着你看他辛辛苦苦养的鲜花，或者拿出自己写得最好的字画并面露得意之色时，我们应该适时地给予赞扬和鼓励。这些活动不仅可以让老年人放松身心，更可以提高他们的生活品质和文化素养。我们可以说："您的花养得真漂亮，您真是太有耐心了！"或者说："您的字写得真好，看起来很有气质！"这样的赞扬可以让老年人感到被认可和鼓励，同时也可以激发他们的热情和自信心，让他们更加积极地投入到这些活动中去。

（五）老年人的电视节目

老年人喜欢看电视节目，特别是那些涉及老年养生、老年健康、老年疾病防治等方面的节目。这些节目不仅可以让他们了解到最新的健康知识和科技进展，更可以提高他们的生活品质和健康水平。当老年人分享他们喜爱的节目时，我们应该认真倾听并给予回应。我们可以向他们询问节目的内容和感受，或者与他们一起讨论一些有趣的话题。这样的交流不仅可以增进彼此之间的了解和友谊，也可以让我们更好地了解老年人的需求和关注点，为他们提供更好的服务和支持。

同时，我们也可以通过与老年人的交流，了解更多的老年人文化和生活方式，一方面可以为他们创造一个温馨、舒适的生活环境，另一方面可以让我们更好地尊重和关爱他们，让他们过上幸福、健康的晚年生活。

（六）其他方面

有些老年人非常注重自己的形象和气质，他们喜欢打扮自己、保持优雅的仪态，并且对周围的人和事都非常友善和慈祥。当我们与这些老年人交流时，我们应该适时地给予赞美和鼓励，这不仅可以让他们感到被认可和尊重，也可以拉近彼此之间的距离。在赞美老人时，我们要注意语言得体、语气诚恳。可以说："您的气质真的很优雅，让人感到非常舒适和愉悦。"或者说："您的笑容真的很温暖，能够感受到您的善良和友好。"这样的赞美可以让老人感受到肯定和鼓励，同时也可以让我们更好地了解他们的内心世界和需求。

当然，我们也要注意不要过度赞美或者使用虚伪的语言，这样会让老年人感到不真诚和不舒服。我们应该从心底里欣赏和尊重老人，用真实的语言表达出我们的感受和敬意。

二、化解第一次见面冷场技巧

在我们的日常生活中，大多数老年人比较友好，他们对待年轻人就像对待自己的孩子一样，充满了热情和亲切，一般不会对他们产生敌意或陌生感。因此，他们能够很快地和年轻人建立起良好的关系。但是，也有一些老年人的性格比较特别，这使得他们与年轻人之间的交流变得有些困难。如果与老年人第一次见面遇到了冷场，该如何化解呢？

（一）与老年人第一次见面出现冷场的原因

1. 心理原因

人到老年时，心理会发生很大的变化，容易产生心理问题，比较常见的有以下几个方面。

（1）失落感：由于主导关系、社会关系、生活环境、社会角色的变化，老年人在心理上感到失落，觉得自己被冷落了。

（2）孤独感：老年人的人际关系结构比较稳定，不容易结交新朋友，导致他们的社交圈子逐渐缩小，产生封闭心理，从而产生孤独感。

（3）自卑感：他们认为自己有经验、有才华，却无从发挥，感觉自己成了只会吃饭、不做事的人。

（4）疑虑感：由于各方面能力的下降，老年人误以为自己的价值也下降了。强烈的自尊心使他们产生了抗拒一切的情绪，最怕别人看不起自己。

2. 环境因素

（1）语言环境：老年人讲话带有浓重的地方口音，如果老年服务人员无法适应这种口音，那么在与老年人第一次见面时很容易出现因为不理解而导致冷场的情况。

（2）外部环境：老年人所处的外部环境也可能影响到他们的交流。如果他们处于嘈杂的环境中，或者环境让他们感到不舒服，就容易造成冷场。

3. 思想观念障碍

由于老年人生于旧时代、长于困苦年代，他们所接受的教育和文化背景与现代社会有所不同，因此他们的思想观念可能比较守旧和僵化。如果在与老年人交流时忽视了这些因素，就很容易造成沟通不畅，甚至产生冷场的情况。

4. 工作人员话题选择不当

找到恰当的话题作为切入点，可以使交流更加顺畅，但如果话题选择不当，则可能会引起老年人的反感，导致交流中断，陷入尴尬的冷场状态。

（二）化解第一次见面冷场的方法

与老年人第一次见面时出现冷场，其根本原因通常是未能取得老年人的信任，导致未能打开他们的心扉。为了避免这种情况的发生，老年服务人员需要迅速调整自己的心态，保持冷静，寻找能够引起老年人兴趣并让他们感到愉悦的话题。

1. 做好与老年人首次见面的准备

为了避免在与老年人交流时出现尴尬或冷场的情况，需要在初次见面前进行充分的准备，预测可能出现的问题，并提前制定应对方案和可能的对策，以确保交流顺利进行。

2. 针对冷场，因症施策

在之前的学习中，我们已经掌握与老年人第一次见面可能出现冷场的原因。为了更好地应对这种情况，我们需要针对这些原因采取相应的措施和技巧，以确保能够成功地处理冷场情况。

（1）老年人心理和性格孤僻导致的冷场

① 用寒暄打破僵局。当老年服务人员第一次见到老年人时，可以用亲切的语气问候他们："您好！吴奶奶，您看起来身体很好，精神状态也很不错呢！""李爷爷，您好！我也姓李，说不定我们还是本家呢！很高兴认识您。"

② 用适宜的行动暖化性格顽固的老年人。我们可以温情地拉住老年人的手慢慢按摩；观察到老年人口渴时，倒杯温水递给老年人；老年人嘴巴上有饭粒，拿纸轻轻擦掉；老年人眼中有泪花，轻拍其手背或者握住其手；老年人咳嗽，轻拍后背；等等。

③ 巧用提问攻破老年人的防线。例如，与张奶奶寒暄几句之后，发现张奶奶没有交谈的兴趣，如果不知道该如何进行下面的交谈时，可以提问："张奶奶，听您口音，您是山东人吧？我一直想去山东旅游，您老推荐一下有什么好吃好玩的地方？"这样就把话题引到老年人的家乡上来了，话题就轻松多了。

（2）话题不当导致的冷场

① 适时转换话题以破僵局，可以按照以下步骤进行话题的展开。首先，了解所处的环境或情况，找到合适的话题。例如，最近连续多日阴雨天气后放晴，可以询问老年人是否把交谈地点换到户外。其次，谈论现实中发生的事情。如果你知道老年人最近对什么新闻或事件感兴趣，可以与他们分享相关信息。最后，探讨有趣的事情，包括个人的思想和想法，以及询问老年人的看法和经历。通过这种方式，可以建立与老年人之间的联系，促进交流和理解。

② 引导老年人谈论自己的问题。当第一次见面出现冷场时，可以尝试从老年人感兴趣的话题入手，引导他们谈论与自己相关的内容，这样老年人就不会感觉被忽视或冷落了。

③ 积极回应老年人。例如，吴爷爷小腿上有块很大的伤疤，经了解得知吴爷爷是一名退休警察，腿上的伤疤是在追捕犯人时留下的，我们可以积极地回应老年人说："看到这道伤疤，我总是在想，正是因为有像您这样为社会做出了巨大贡献的英雄，保护了我们的安全和秩序，我们才能享受美好生活，您的努力和奉献值得我们所有人的尊敬和感激。"这种积极回应在表达时，语调要自然、真诚、发自内心。

（3）老年人思想观念障碍导致的冷场

可通过赞同老年人的观念、赞美老年人打破僵局。首先，我们可以尊重老年人的观点和经验，并表达出我们的敬意和感激之情，让老年人感到被重视和尊重，从而增强他们的自信心和自尊心。其次，我们应该尝试理解老年人的想法和观点，并寻找共同点。即使我们不同意他们的观点，也要从他们的角度去看待问题，这样可以促进双方之间的理解和沟通。最后，我们可以通过赞美老年人的优点和贡献来打破僵局。例如，我们可以赞美老年人的勤劳、耐心、诚实等品质，以及他们在家庭和社会中所做出的贡献。这样可以让老年人感受到肯定和鼓励，从而更愿意与我们进行交流和沟通。

（4）语言环境导致的冷场

在与老年人第一次见面时，正确理解老年人的意图是非常重要的。主要从三个方面去理解。

① 语言理解。有的老年人讲话地方口音较重，或者是由于疾病后遗症导致老年人说话不清楚，在与他们沟通前要了解清楚是否存在语言障碍，如果有的话需要事先找好翻译人员，同时做好非语言沟通交流的准备。

② 语义理解。有些老年人讲话比较含蓄，需要我们用心思去猜想他们想要表达的意思。例如，黄奶奶是一位爱美的女士，你问她今年高寿时，她却告诉你："什么高寿，我跟你一样，也是00后。"这个时候我们可以微笑着接话："对，奶奶，我们都是00后，那您以后可要教我怎么样打扮才能像您那样风华绝代。"

③ 境遇理解。有些老年人视力极差，看东西模模糊糊；有些老年人听力下降严重；有些老年人瘫痪在床，连翻身都需要他人协助。这些不好的境遇通常会让老年人的心理受到打击，情绪低落。适时地给予他们理解和安慰，会让老年人感到被关注、被理解、得到他人的支持，有利于建立良好的关系。

三、首次见面结束礼仪

当我们首次见面的任务基本完成，达到预期目标，在结束会面时还应注意以下事项。

（一）灵活应对

在整个会面过程中，除了认真倾听老年人的述说，还要通过观察老年人的表情和肢体语言了解其真正需求，当老年人表露出疲劳时应立即结束会面。另外，在会谈中如果突然被领导叫去处理其他事情，需要马上离开时，应观察老年人的情绪变化，先致歉做好情绪安抚工作，再告别离开。例如，发现老年人对你即将离开表现出细微的失落心理，可安慰说："董奶奶，我很想再和您聊上一会儿，因为和您交谈让我感到非常亲切和舒适，就像和我自己的奶奶聊天一样。然而，我现在有急事需要暂时离开一下。请您放心，一旦事情处理完毕，我会立刻回来与您继续聊天的。"

（二）结束礼仪

当第一次见面即将结束时，我们需要礼貌地告别老年人。可以说："爷爷，非常高兴能和您认识并交谈这么久，看您也有些疲惫了，我就不打扰您休息了。下次我再来看您。"这样既表达了我们的感谢和尊重，又不会让老人感到不适或被打扰。

立德树人

把老人当亲人　收获爱与尊重

"做什么行业都要脚踏实地，才能不断地提升自己，不断成长，回报社会。"上海市杨浦区社会福利院养老护理员王程说。

26岁的王程是四川人，2015年高考时，他选择了长沙民政职业技术学院老年服务与管理专业。毕业后，他来到上海杨浦社会福利院工作。

王程至今还记得刚入职福利院时的情景：每天早上6点上岗，工作超过10小时，其间需要一次次抱扶生活不能自理的老人，帮他们翻身、喂饭、擦洗身体、更换衣物和床单被套……工作内容烦琐、辛苦，工作时间长、待遇不太高，但经过一段时间适应后，王程坚持了下来。王程说："这个工作虽然累，但并不难，关键是要有耐心。"在这里，王程很受老人们的喜爱。"带着爱与责任，把老人当亲人，我也收获了老人们的爱与尊重。"王程说。

王程读书时就曾获得过全国职业院校护理竞赛特等奖，工作以后也多次参与各级各类养老护理竞赛。后来，他被评定为上海市首批养老护理高级技师，并当上了福利院护理部主管。2019年，福利院建设"数字化养老院"，王程又担任了"线上养老院"院长。2022年8月，王程成为上海首位作为重点人才引进落户的养老护理员。2023年，在杨浦区民政部门支持下，以王程的名字命名的大师工作室成立。

"每个人都有年老的时候，我希望每位老人都能得到关爱、照护，也希望更多年轻人加入养老服务行业。"王程说。

资料来源：姜泓冰.把老人当亲人　收获爱与尊重[N].人民日报，2023-05-24（8）.

习题

1. 与老年人第一次见面时注意的事项包括（　　）。
   A. 不要大呼小叫　　B. 不要吵闹　　C. 忌不稳重
   D. 最好采用平视　　E. 以上都有

2. 与陌生人见面，老年人一般的心理特点不包括（　　）。
   A. 紧张感　　B. 不信任　　C. 自卑感
   D. 自信　　E. 敏感多疑

3. 与老年人第一次见面前需要准备的礼仪包括（　　）。
   A. 环境　　B. 仪容仪表　　C. 老年人的身体情况
   D. 老年人的社会关系　　E. 以上都有

4. 与老年人第一次见面选择的下列话题中不妥的是（　　）。
   A. 老年人的家乡　　B. 老年人引以为傲的孙子
   C. 老年人过世的儿子　　D. 老年人的"当年勇"
   E. 老年人的兴趣爱好

5. 了解老年人资料的途径不包括（　　）。
   A. 查看老年人的病历资料　　B. 询问其他老年人
   C. 询问老年人家属　　D. 询问老年人自己
   E. 询问养老护理员

6. 与老年人第一次见面出现冷场的原因不包括（　　）。
   A. 老年人心理原因　　B. 沟通环境　　C. 语言因素
   D. 社会因素　　E. 话题不当

7. 有些老年人谈话比较含蓄，需要我们用心猜测他们想要表达的意图，属于（　　）。
   A. 语言理解　　B. 语义理解　　C. 境遇理解
   D. 逻辑理解　　E. 环境理解

第九章

与特殊老年人的沟通技巧

学习目标

知识目标
（1）能够概述与失智老年人、视听障碍老年人、心理障碍老年人沟通的技巧。
（2）能够概述并理解失智老年人的需求。

能力目标
（1）具有与失智老年人沟通的能力。
（2）能灵活运用沟通技巧，与视听障碍老年人、心理障碍老年人进行有效沟通。

素质目标
（1）掌握与特殊老年人的沟通技巧。
（2）为失智老年人、视听障碍老年人、心理障碍老年人服务时具有爱心、耐心。

案例

张爷爷今年88岁，是一名退休教师，在某养老院已生活十余年，有每日读书看报的习惯。近半年来，张爷爷的视力下降非常明显，眼睛根本看不清书本、报纸上的字，而且晚上起来上厕所经常出现磕磕碰碰的情况，去医院就诊后效果恢复不明显。近日来，张爷爷一直待在房间不愿意出来，情绪非常急躁，经常莫名其妙地发脾气。

问题思考：
（1）如果你是这家养老院的老年服务人员，你该如何帮助张爷爷？

（2）你该如何与张爷爷进行沟通呢？

第一节　与失智老年人的沟通

失智症是以记忆障碍、判断力、计算力、理解力等智力减退，以及性格、人格改变，社交能力、生活能力逐渐丧失为主要特征的老年人特有的一类脑部疾病。失智老年人由于记忆的退化，人格的改变，常常导致其难以正常沟通。

 知识链接

中老年人如何科学预防失智？

近期，中国人民解放军总医院神经内科原护士长张玉兰分享了预防失智相关科普内容。张玉兰称，老年人一旦出现明显的记忆力和日常生活能力下降、精神行为异常等可疑症状，应及时到神经内科就诊。医生能全面分析找出病因，也能指导家属有针对性地照护老人。

张玉兰介绍，使用目前通用的包含8个核心问题的"认知障碍自评表"进行评估，是快速判定就诊者是否失智的有效方法。如果老年人在过去几年当中，感觉自己在认知能力方面频繁出现问题，不妨通过回答这份表格内的问题，对自身状况有一个初步判断。失智通常隐匿发病，呈持续性发展状态。根据生活能力、精神行为、认知功能的特征，医学上把失智分为早、中、晚期三个阶段。根据病情对患者精准照护，往往会达到事半功倍的效果。

资料来源：https://www.xuexi.cn/lgpage/detail/index.html?id=4661717211728867218&item_id=4661717211728867218。

一、理解失智老年人的需求

失智老年人临床上以记忆障碍、失语、失用、失认、空间障碍及人格和行为改变为特征，病因至今未明。失智老年人并不是精神错乱的人，与失智老年人沟通时应谨记，要正确理解失智老年人的需求。

老年失智症发生后，个体身上出现了一种渐变显著的退化，这种退化往往会在从事工作和与他人进行交流时表现出来，受此折磨的老年人在做一些事情的过程中会忘记接下来要做什么，而且无法完成起初所做的事情，无法回忆起发生在几个月前、几天前、几个小时前甚至是两三分钟前的事情，即便他有可能回忆起很久以前的事情。这种症状使老年人的日常生活都出现了问题。失智症老年人可能会忘记今天是什么日子，甚至连自己在哪都记不起来，老年人可能记不起我们认为理所当然的那些事情，对新事物的学习也感到吃力、困惑、疲劳及尴尬，再加上记忆力的丧失，使得他对之前感兴趣的事情

也逐渐失去了兴趣。在情感上受到压力时，还可能会爆发出不同寻常的愤怒。几个月或若干年之后，随着记忆力问题和心理困扰逐步扩大，还会产生步态、平衡或协调问题。与失智老年人沟通时，要特别注意以下几个方面。

（一）理解失智老年人

失智症的症状都是由于病情的发展而产生的，而非故意为之。失智老年人自己也承受着巨大的痛苦，因此我们不能因为沟通不畅就对失智症老年人产生愤怒，而应该用同情和理解的态度对待他们。

（二）尊重失智老年人

失智老年人不论病情轻重，依然保有心理功能，我们对其要有极大的耐心和爱心，而不能用简单粗暴的方法排斥，以避免伤害他们的自尊心。

（三）爱护失智老年人

虽然失智症会逐渐剥夺老年人的认知能力，但是他们依然保有情感，保有对美好事物的感知能力。疾病最后损害的是皮层功能，失智老年人对情感的感受和表达能力是最后消失的。也就是说，即便是重度失智的老年人，依然能感受到亲友的关爱。虽然在和老年人讲话时他不一定能听明白，但他会从微笑、抚摸、温和的语音语调中感受到照护者的友好、尊重、体谅。

二、与失智老年人的沟通技巧

相互交流是我们分享真实的自我，与人相处的一个途径。进行交流相当于建造了一座桥梁，这是我们人类生存的基本需要，即使对已经发病的失智老年人也是如此。失智老年人也是有想法的，只是他们把过去和现在混在了一起，他们说出的语句是由一些思维碎片拼凑起来的。而这些碎片就是事情片段，它们会不合逻辑地搭配在一起，表面上看是没有什么意义的，但实际上这些片段很可能是他渴望表达的一些抽象概念、观点和情感。当你把他提到的所有只言片语联系起来时，你会发现一切都不是那么难以理解。与失智老年人沟通，要掌握以下沟通技巧。

（一）沟通前做好充分的准备

与失智老年人沟通前，一定要做好充分的准备，具体要做到以下几点。

1. 安静的环境

电视、收音机甚至是电扇的噪音，都可能分散失智老年人的注意力，使他们在谈话中忘了所说的内容，因此安静的环境能让交流更加容易。减少环境中引起老年人分心的因素，比如噪声、混乱的环境或陈设等，可以使老年人注意力集中。

2. 一对一交流

说话的人越多，内容就越复杂，对失智老年人来说，同时处理多个人说话的信息十分困难，因此同一时间不要多个人同时与老年人交流；旁人不要随意插话和代替回答问题，以免老年人目不暇接或感到回答不及时而产生焦虑和挫折感，一对一的交流能够有效减轻老年人的思维负担。

3. 确认听觉和视觉

沟通前要先确认失智老年人的听觉及视觉是否正常，例如老人的眼镜度数是否仍然合适、助听器的功能是否正常等，必要时可进行一次全面的检查。

4. 吸引注意力

讲话前要先引起失智老年人的注意，可以先轻拍其手臂或手背，有助于吸引其注意力，但触碰时必须小心谨慎，避免惊吓到老年人。

（二）沟通时注意方式方法

与失智老年人沟通时，还要注意方式方法，这样才能确保沟通的顺利进行，具体要做到以下几点。

1. 认真与老年人打招呼

沟通时首先要向老年人做自我介绍，说明你和他的关系，并且提供有助于定向感的信息，避免多次考验或询问。要从失智老年人的正面走近老年人，告诉他你是谁；要以缓慢、温和、不仓促的速度接近老年人，讲话时手势的改变不可过快，因为失智老年人对于快速移动很敏感，容易因此受到过度刺激而误会他人，出现攻击他人或伤害自己的行为。

2. 称呼老年人的姓名

沟通时应亲切地称呼老年人的名字，但须征得本人同意。这不仅仅是礼貌问题，更重要的是这样可以帮助失智老年人进入状态并且引起其注意。老年人即使患有失智症状，但是仍能够记住自己的名字，因此与之打招呼时要亲切地称呼他们的名字。

3. 使用敬语表达对老年人的尊敬

面对需要护理的失智老年人，在与他们接触时，要怀着尊重和敬重的情感，同时不要忘记使用敬语。

4. 交流时视线高度要与老年人保持一致

与失智老年人交流时要面对面地交谈，并要保持目光的接触，目光应保持在与老年人一致的高度。如果让老年人仰视老年服务人员，会让老年人产生压迫感。例如，老年人坐着或者躺着时我们不要站着，此时不妨坐下或蹲下，与其保持同一高度，不要居高临下。

5. 需配合对方的谈话节奏

在开始谈话后，即使不能立即得到老年人的回应，也要配合老年人的节奏继续下去，直到对方给出反应。讲话速度宜慢，要语调平和、语气温和、吐字清楚，不可大声讲话，如果老年人有听力问题，可适当增加音量。尽可能用老年人熟悉的方言、俗语，不能喊叫。尖锐或过于响亮的声音会造成老年人的恐惧，甚至可能发生过激反应。

6. 注意说话时的口吻

应避免用对幼儿的语气与失智老年人说话，这样会伤害老年人的自尊心，还可能助长老年人的孩童心智和依赖心理。

7. 提问方式

与失智老年人交谈时，应采用简短及易懂字句，避免使用复杂的长句子，一次只给老年人一个建议或想法，每句话尽量只带一个信息。在向老年人提问时，应该尽可能地简化问题，每次只提出一个问题。

（1）问题选项不宜多：避免向老年人提出有多种答案可选的问题，最好只提供两个选项。例如，"您更喜欢吃苹果还是梨？"比"您喜欢吃什么水果？"更为恰当。提问时，应该尽量使用以"是"或"否"作为答案的问题，尽量不提需要思考的开放性问题。例如，"您想出去走走吗？"而不是"您想做些什么？"问题可附带一些选择答案，例如，"您是来自北京还是上海？"

（2）简化问题：老年服务人员应尽可能地向老年人提供解决问题的方法而减少提出问题。例如，可以直接告诉他们厕所在这里，而不是问他们是不是需要使用厕所。提示时最好把否定句变成肯定句，试着说"我们来这儿吧"，而不是"不要去那儿"。要强调一个句子里您最想引起老人注意的关键词。例如，"这是您的茶"，免用代名词如"他""他们""这里""那个"等，应直接说人名、地名或物件名称作直接沟通。减少用抽象的概念，例如"饥饿""口渴"是抽象的，"吃饭""喝水"是具体的。

8. 避免不清楚的表达

向失智老年人解释问题时，应避免使用复杂的逻辑和过多的理由解释问题，仅提供给老年人一个完整的、明确的、简洁的解释。

9. 正确理解老年人的问题

假如听不懂老年人所说的内容，应请老年人再重复说一次。如果这会引起老年人的不高兴，则可以用猜测的方式，重述你所听到的内容，然后问老年人"对"或"不对"，直到了解为止。不要假装听懂了，却又不能按老年人的要求做，这样反而会使老年人失望。

10. 开场白

尝试以当日发生的事情、人物、地点、天气等作为谈话的开始，多谈涉及具体内容的事情，找出老年人感兴趣的话题，用其熟悉的方式交谈，选择老年人熟悉的话题，保持对话流畅，讨论一些具体的事情而不是抽象的想法。

11. 话题选择

近期记忆障碍是失智老年人常见的问题，如果时常跟老年人直截了当地谈论他的近期记忆障碍，常常会造成老年人很大的挫折感。因此，在与老年人谈话时，应由老年人选择主题，或是由他远期记忆的事情开始谈起，沟通会进行得比较顺利。老年人常常会因谈到过去而获得愉悦，但要避免出现"您还记得那个时候吗？""您不应该忘了啊"

等考验老年人记忆力的问题,老年人会因回答不了而感到受挫。不管是短期记忆的丧失还是长期记忆的丧失,失智老年人大多会记得遥远过去的一些美好回忆。与其关注他们忘记了什么,不如跟他们谈论那些还记得的美好回忆。

12. 知觉障碍处理

对老年人目前的知觉障碍,应委婉处理。当老年人坚信错的或不存在的事情时,不要与之争论,可针对老年人的情绪给予安慰。例如,当一位丧子的老年人说,她盼望着儿子不久就能回家,老年服务人员适当的反应为"您一定很疼您儿子,有时甚至觉得他仍在这里吧",如果老年服务人员明白或隐含地表示同意她儿子会"回家",则会增强老年人错误的期待或导致老人的失望;但如果断然地告诉她:"您儿子已经不在了",则可能增加老年人的焦虑。

13. 倾听和同感

老年服务人员只有认真倾听并试图理解老年人并产生同感,才可以走进失智症老年人的内心。失智老年人说话有时找不到适当用语或应对出现困难,当他们努力地寻找一个字或一个词来表达自己的意思时,不宜催促或马上提醒纠正,以免令对方难堪,要想办法从老年人一些语意不清的语句中推测其真正想表达的信息。可提示或转换话题,例如"您刚刚说以前去过……"可让老年人填补未完成的句子。如果老年人将整个句子都忘记时,可以重复句子中的关键词进行提示。如果发现老年人感到疲劳或出现挫折感,可以暂停,休息 5～10 分钟后再进行。

14. 耐心等待回应

在沟通过程中,要给失智老年人一些反应的时间,让他们能够有充裕的时间思考问题;如果催促,可能导致老年人烦躁不安。

15. 解释和安慰

与失智老年人沟通的原则是:不打断老年人的讲话,不纠正老年人的错误,不与老年人发生争论、争吵,不要说教,可针对其问题给予适当的解释和安慰,运用微笑、温柔的触摸、温暖的话语安慰失智老年人。

16. 关注老年人的反应

沟通时要留心观察失智老年人的表情、音调及动作,以便做出适当反应及提示。

17. 情绪不稳定老年人的应对

当老年人情绪愤怒、拒绝合理解释时,可使用老年人感兴趣的话题转移老年人注意力。

(三)沟通后及时记录

沟通后应及时记录失智老年人表达或沟通的特殊用语及非语言技巧,以提高下一次交流的质量。

失智老年人的状况会随病程不断变化,老年服务人员需要根据实际病情调整照护方式，用接纳的态度对待失智老年人，用与对待具有健康智能老年人一样的态度关爱他们，亲近他们，倾听他们的诉说。尽管失智老年人的情感表达可能显得直接而令人困扰，但这也使我们有机会深入了解他们内心的感受。虽然有时候我们可能无法完全理解他们的言辞，但只要我们细心观察，从他们的语言、表情、动作等多个层面去理解，就能捕捉到一些信息，洞察到他们的需求。这样，我们就能更快地找到适合他们的照顾方式，陪伴他们度过晚年时光。

第二节　与视听障碍的老年人沟通

一、与视力障碍老年人的沟通技巧

视力障碍是指由于先天或后天原因，导致视力器官（眼球视力神经、大脑视力中心）的构造或机能发生部分或全部障碍，经治疗仍对外界事物无法（或很难）进行视力辨识。与视力障碍的老年人沟通时，语言要有礼貌，动作行为要适当放缓。

（一）与视力障碍老年人交谈

1. 沟通开始与结束的提示

当我们与视力障碍的老年人进行沟通时，沟通的开始与结束都要告诉老人，并做自我介绍，告知老年人我们的姓名和身份。在距离视力障碍老年人一两米远时，首先要给对方一个声音提示，让其知道你在附近，再进行交谈，语调应诚恳而平和。

2. 避免惊吓

遇到视力障碍的老年人，不要大声喊叫或突然握手。在接触老年人之前，老年服务人员需要向他们说明意图，以免惊吓到他们。老年服务人员可以通过触摸的方式表达对老年人的关心和体贴，时刻为他们的需要着想，并尽可能地传递信息给他们。与尚有残余视力的老年人进行沟通时，老年服务人员要面对他们，与他们保持较近的距离，以便于他们观察。

3. 鼓励沟通

老年服务人员需要积极鼓励视力减退、失能的老年人表达自己的感受，这些老年人容易因为感到被嫌弃，从而表现出焦虑、烦躁或郁闷的情绪，这对他们的身心健康非常不利。因此，我们需要帮助他们表达内心的感受和需求。如果与多位视力障碍老年人在一起，我们应该先介绍自己并告诉大家彼此的身份。在与其中一位视力障碍老年人交谈时，要确保对方明确谈话指向，表明自己正在和谁说话。

4. 避免催促

与视力障碍的老年人进行沟通时，需要给老年人充足的时间来做出反应。因为他们理解和回答信息的速度会比一般人慢，所以我们要耐心等待，不要催促或表现出不耐烦的情绪。同时，我们应该用柔和的声音、缓慢的语速和平稳的语调说话，以帮助老年人更好地理解我们的意思。

5. 倾听

在与视力障碍老年人进行沟通的过程中，倾听老年人说话时，要用语言向老年人传达信息，让老年人明白我们在认真地倾听。在倾听时，如果同意老年人的看法时，要及时回复"是这样的""不错""本来就是这样""哦，原来我不知道"等，鼓励老年人继续说出他的看法与感受。在倾听的过程中，可以通过复述来检验自己理解到的信息与老年人想要表达的信息是否一致，适时适当的提问也可以向老年人表明我们在认真地倾听。

（二）与视力障碍老年人握手

在握手前应首先进行语言提示，当视力障碍老年人伸出手时，应主动相迎；当两位视力障碍老年人需要握手时，老年服务人员要及时引导他们的手接触。

（三）为视力障碍老年人引路

为视力障碍老年人引路前应先征得老年人的同意。老年服务人员要根据视力障碍老年人的扶握习惯选择站位，然后让老年人扶握住你的胳膊肘部，引领他一起行走。在引路过程中，要使用描述性的语言，把行进路线上的关键环境信息给予提示。例如，"前方的路面变窄，我们要下个台阶""现在我们上个台阶"等。为视力障碍老年人开门要完全打开，半开的门、弹簧门很容易碰伤视力障碍老年人，要避免磕碰他们的头部。

（四）引领视力障碍老年人入座

引领视力障碍老年人入座时，要注意避免使用"您坐这儿、坐那儿"这类的语言，而是要引领他们走到座位前，把老年人的手轻轻放在座椅的扶手上，让老年人能够确定座椅的位置，然后请他坐下。

（五）协助视力障碍老年人进餐

1. 帮助确定食物及餐具位置

进餐时，老年服务人员要用语言告知视力障碍老年人各种食物及餐具的具体位置，或者托住他们的手触碰到餐具，并告知相应信息。

2. 餐具的准备

为了便于视力障碍老年人就餐，可根据老年人的习惯和需要准备餐具。

3. 协助夹取食物

在为视力障碍老年人夹取食物前，要先询问他们的饮食偏好。可以先帮他们夹一两道菜，数量少一些。观察他们是否能吃完这些菜后，再更换其他菜品。同时，为了保持菜肴的口感和风味，我们应该尽量避免将不同种类的菜混合在一起。

4. 布菜方式

为视力障碍老年人布餐也可采用形象化布菜法，即将餐桌上的盘子视为一个钟表，告诉他饭菜所摆放的位置。例如，米饭在 6 点钟的位置，汤在 12 点钟的位置，菜在 3 点、9 点钟的位置，等等。这样，视力障碍老年人只要触摸到盘子的位置，便很容易夹取到各式菜肴。

二、与听力障碍老年人的沟通技巧

很多老年人到了一定年龄之后，在各种因素的作用下，开始丧失部分甚至全部听力。在与有听力障碍的老年人交流时，人们常常会通过提高音量来确保他们可以听到我们的声音。尽管提高说话的音量确实可以起到一定的作用，但有时即使我们已经说得非常大声，老年人仍然无法理解我们在说什么。因此，当我们与有听力障碍的老年人进行沟通时，我们需要特别注意以下几个技巧。

（一）缩短双方的谈话距离

与听力障碍老年人交流时，可以选择一个相对安静的环境。如果在没法避免噪声的情况下，尽量和他们保持较近的距离。由于听力障碍，老年人常常感觉不到旁人的到来。因此，当我们来到老年人身边时，可以轻拍老年人的上臂让其知道我们的到来。

（二）面对面进行沟通

在与听力受损或者仅有残余听力的老年人进行沟通时，我们要保持面对面的沟通，让老年人能够很清楚地看到我们的面部和口型后，再开始说话，同时增加身体语言的表达，以弥补由于听力受损引起的沟通障碍。

（三）辅助使用非语言沟通技巧

非语言沟通技巧包括面部表情、手势、眼神，或者应用书面语言（如书写卡片、图片等）与老年人进行沟通。如果老年人是听力受损而视力良好的情况，我们还可以采用写字板、图片、符号、标志等进行信息的沟通，再辅以身体语言，例如手势、表情、姿势等。

（四）调节语速和音量

老年服务人员在与听力障碍的老年人交流时，应适当减慢说话的速度，以免造成对方理解困难。如果要说的重点内容很多，可以放慢语速重复重点信息以便传达清楚，减少老年人理解的难度。不可大声叫嚷，尤其是与佩戴了助听器或植入人工耳蜗的老年人交谈时，大声叫嚷会扭曲语音，让语音难以辨认，而且过大的声音也可能令老年人感到不适。

（五）掌握正确的倾听方法

与听力障碍老年人沟通时，要做到"耳到""眼到""心到""脑到"。具体来说，要做到以开放的心态和积极的态度倾听；倾听时要注视老年人的眼睛；以点头的方式传递接纳老年人话语的信息；用开放式的动作传达对老年人话语的接受、容纳、尊重与信任，例如身体稍稍向前倾斜可表示倾听的诚恳态度；及时地用动作和表情表示自己对话语感兴趣，例如赞许性的点头、恰当的面部表情与积极的目光接触相配合，向老年人表明我们在认真地倾听。

（六）关注沟通效果

听力障碍老年人与他人进行沟通时，如果由于听不清而不能理解信息，他们可能会选择假装理解来避免尴尬。因此，老年服务人员应时刻关注老年人的反应，确认其是否正确理解了我们需要传递的信息。如果遇上含糊的地方，只需重复不清楚的字眼，不要重复整句话。沟通时应尽量避免使用复杂冗长的句子，可将一个复杂的句子分解成几个简洁的短句。如果老年人没有听清楚说话内容，可以尝试用其他方式表达。

总而言之，与有听力障碍的老年人进行沟通确实会比与其他人沟通更具挑战性。只有具备足够的耐心和有效的沟通技巧，才能够与他们进行有效的沟通。

▌立德树人

"最美养老护理员"

车墩敬老院的钟红平荣获2019年上海市"最美养老护理员"称号。钟红平是2014年来到车墩敬老院从事护理工作的，心地善良、乐善好施的她在工作上勤勤恳恳，把敬老院当作是自己的家，每天主动、细致地为老年人提供优质服务，为老年人排忧解难，不辞辛劳地照顾着每一位老年人的日常起居。梳头理发、换洗衣服、端尿端屎、喂饭送药……不厌其烦，日复一日，用心承载着爱的责任与使命。坚持立足岗位、任劳任怨不求回报。

在钟红平护理过的老年人中，有一位老年人叫颜阿伯，他是一位孤寡老年人，又是聋哑人，起初在交流上存在着很大的困难，颜阿伯的情绪一直很低落，为此也产生过许多误会和矛盾。钟红平通过仔细的观察，利用简单的手势和肢体语言主动去和颜阿伯沟通交流，渐渐打开他的心扉，了解到他的真实想法和需求后，自然而然地成为颜阿伯的知心朋友。

有一年冬天，天寒地冻，王阿婆突然感到身体不适，钟红平刚下晚班，连忙拖着疲惫不堪的身体带王阿婆去医院去看病。见老年人冷得直哆嗦，她二话不说脱下自己的外套给王阿婆穿上，紧接着添衣送水，无微不至的照顾使王阿婆流下了感动的眼泪。也是那一年的小年夜，本该是钟红平与家人团聚吃年夜饭的日子，耳边却突然传来王阿婆病危的消息，钟红平连忙放下手头的事情迅速赶到王阿婆身边，陪着老人走完了最后一程。

资料来源：https://www.sohu.com/a/330332954_120055756。

第三节　与心理障碍老年人的沟通

老年人因经历了世间百态及家庭的角色转换，使得性格特征有着巨大的差异，大多数的老年人性格温和，易于交往，但有些老人性格古怪，难以与之沟通交流，还有些老年人有悲观厌世的心理。因此，与心理障碍的老年人沟通，首先要了解老年人的性格特征，采取有效的沟通技巧，增进理解，满足老年人的心理需求。

一、与性格孤僻老年人的沟通技巧

（一）取得信任

老年服务人员要主动迈出与老年人交往的第一步，建立信任。只有自己敞开心扉，才能架起心灵的桥梁。性格内向孤僻的老年人不善言辞，需要老年服务人员主动进行交流和沟通。在进行自我介绍时，老年人或许在初期只是礼貌地回应我们，随着老年服务人员敞开心扉、真诚相待的层层递进，老年人就会慢慢接受我们，然后就可以进行更深层次的交流了。

（二）了解性格孤僻的原因

老年服务人员要了解老年人的思想，包括性格孤僻形成的原因，排斥身边事物的原因，过去经历，受过的打击，家庭经济状况，家庭成员及相互关系等情况。

（三）理解老年人

在与心理障碍老年人沟通时要代入老年人的角色，认可他的观点，揣摩他的心思，尽可能去认同他。老年人性格孤僻大多数属于自卑，需要老年服务人员帮助其重新建立自信心，在为老年人服务的过程中，时刻对他们进行鼓励，避免出现尖酸刻薄的言语。

（四）消除老年人的戒备心理

老年服务人员要加强与老年人的有效语言沟通，建立理解与信任。从老年人熟悉的环境、话题入手，针对性地加以沟通。在开展工作时，态度要和蔼、语调要平和、语速要慢、表情要亲切、语言要通俗易懂，必要时重复多遍，使老年人感到被尊重、被重视，从而接受建议，消除戒备心理。

（五）心理疏导

老年服务人员可以从倾听中掌握影响老年人过去及现在生活的症结所在，运用人生回顾疗法，帮助老年人分析早年比较开心的生活经历，尤其是家庭生活的幸福点滴。在沟通时，切忌急躁，要循序渐进，给予老年人精神上的理解和支持。

（六）帮助回归社会

老年服务人员应尽可能多地邀请老年人参加各种节日活动，例如元宵节送汤圆，端午节包粽子，重阳节吃长寿面等活动，让老年人在活动中结识朋友，增进交流，在团体活动中体会到不同人群的关爱，逐渐消除自卑孤僻的心理。

二、与情绪消极老年人的沟通技巧

由于老年人身患疾病，甚至受到死神的威胁，容易产生消极情绪，破坏身心健康。老年人消极情绪主要表现为：自尊和自卑并存，空虚与孤独共生，焦虑和抑郁相伴，衰老和怀旧同现。与情绪消极老人沟通时，我们要注意以下技巧。

（一）了解情绪消极的原因

要确定老年人消极情绪产生的原因。例如，不习惯养老院的生活，渴望亲情的照顾，与同寝老年人及养老院内其他老人的关系处理不好，严重的无价值感。在确定出现消极情绪的原因后，我们需要针对上述问题进行相应的沟通。

（二）开展沟通工作

1. 消除老年人焦虑、不安的情绪

老年服务人员要与老年人建立良好的信任关系，理解老年人的处境，尊重老年人的人格，耐心听取意见，积极想办法解决老年人提出的问题，使老年人感到生活的价值所在。如果老年人初来养老院，我们要引导和帮助他消除对新环境的抵触情绪，增加心理上的安全感。

2. 关心和尊重老年人

老年服务人员要对老年人在生活上要多给予关心和照顾，要尽可能客观地安排生活习惯相似的室友。要尊重老年人，称呼要恰当，言行举止要有礼貌，要耐心倾听老年人的倾诉，不可打断老年人的谈话，不能表现出厌烦情绪。对老年人的健忘和唠叨要给予谅解，不要奚落与讥讽，能办到的事要尽量按照老年人的意愿办，以满足老年人自尊心理的需求。观察老年人的心理变化，掌握其心理活动，以便更有针对性地开展个体化心理护理服务。

（三）处理情绪消极老年人抵触的、不配合的态度

1. 分享谈话目标

当老年人抵触、不配合的时候，告诉老年人发起谈话的初衷，让老年人感受到我们的诚意，通常老年人会接受。

2. 让老年人做选择

要把可能的方案告诉老年人，让老年人做选择。例如，"问题已经发生了，我们可以现在谈这件事，或者明天约时间再谈也可以。""如果我们现在不谈这件事，可能会出现……情况，反而不好处理，您觉得呢？"

3. 提前演练

沟通前要模拟谈话过程，提前预测老年人可能会有的情绪反应，在做好心理建设的同时，准备好应对措施。

4. 有效地倾听

在老年人向我们诉说时要放下干扰和评判心理，从老年人的角度来倾听和理解问题；澄清确认已收集的信息，确保理解准确。同时避免说教，少给建议。

（四）指导老年人控制自我情绪，学会自我调节

由于老年人体弱，加上久经疾病折磨的痛苦，使其容易产生焦虑消极等负面情绪。

老年服务人员应利用有效的传媒途径介绍不良情绪对各种疾病的影响。例如，老年人喜欢看电视，我们可以多介绍一些有益的养生节目，或是文艺节目，陪老年人一同观看，并相互探讨、交流，这样可以指导老年人自我心理调适、保持乐观开朗的心态。在日常生活中，我们应多鼓励和帮助老年人参加力所能及的活动，尤其是让老年人适当参加文体活动，这样不仅能增强体质，还能保持良好的心境，使老年人达到身心健康的标准。

习题

1. 如果听不懂失智老年人说的话，正确的做法是（　　）。
   A. 请老年人再重复说一次
   B. 用猜测的方式，重述你所听到的内容
   C. 问老年人"对"或"不对"，直到了解为止
   D. 不要假装听懂了
   E. 以上都对

2. 如果失智老年人不愿交谈或不耐烦时，不正确的做法是（　　）。
   A. 暂时离开或换另一个人与老人交谈
   B. 等老年人容易合作时再谈
   C. 要尊重老年人，千万不可勉强老年人做他不愿做的事
   D. 采取不理会的办法
   E. 等老年人愿意交谈时再谈

3. 失智老年人是有想法的，但他们把过去和现在常混在一起，所以（　　）。
   A. 失智老年人的表述表面上看没有什么意义
   B. 失智老年人表达的往往是事情片段
   C. 失智老年人渴望表达的是一些抽象概念、观点和情感
   D. 把失智老人表达的事情片段联系起来时，可以推测失智老年人想要表达的意思
   E. 以上都是

4. 下列不属于同失智老年人沟通的基本技巧的是（　　）。
   A. 利用酒精去唤醒记忆　　　B. 抱有希望，表达爱意
   C. 重复信息或者问题　　　　D. 表示出倾听和同感
   E. 给老年人分步提示

5. 老年服务人员在出入有视力障碍老年人的居室时要提前打招呼，这样做的主要原因在于（　　）。
   A. 有礼貌　　　　　　　　　B. 工作要求
   C. 以免惊吓到老年人　　　　D. 沟通习惯
   E. 做好沟通准备

6. 老年服务人员在扶有视力障碍老年人走路时，要事前征得老人的同意，原因在于（　　）。
   A. 工作要求　　　　B. 尊重　　　　C. 习惯

D. 沟通技巧需要 E. 以免惊吓到老年人

7. 下列不属于与听力障碍者沟通技巧的是（　　）。
   A. 简化复杂的句子 B. 重组句子
   C. 大声叫嚷 D. 简化数字的传递
   E. 说话不要太快或大喊大叫

8. 在与视觉和听觉障碍老年人沟通时，沟通的策略不一样，原因在于（　　）。
   A. 沟通的主题不同 B. 沟通的对象不同
   C. 沟通的空间不同 D. 沟通的技巧不同
   E. 沟通的时间不同

9. 老年人在与人沟通时听不清对方说什么，出现答非所问的情况，这属于（　　）。
   A. 视力障碍 B. 听力障碍
   C. 沟通障碍 D. 语言障碍
   E. 书写障碍

10. 与性格孤僻老年人交流时要加强有效的语言沟通，需要做到（　　）。
    A. 语速要快，用语要简洁 B. 讲话不要重复多遍
    C. 不要多次沟通 D. 表情要亲切
    E. 简化数字的传递

11. 与性格孤僻老年人沟通的第一步是（　　）。
    A. 进行劝导 B. 给予建议
    C. 取得信任 D. 多交谈，少倾听
    E. 了解老年人思想

12. 在沟通过程中消除老年人的消极情绪，需要做到（　　）。
    A. 不要解决实际困难
    B. 要耐心听取老年人的倾诉，不可打断老年人的谈话
    C. 老年人自我调节能力很弱，要让他们完全依赖护理人员
    D. 尽量不建议老年人看电视，这样不利于身体健康
    E. 给予说教，多给建议

第十章

突发事件的沟通处理

学习目标

知识目标
(1) 能够概述老年服务中会遇到的比较常见的突发性事件。
(2) 能够阐述老年人在遭遇突发事件时可能会出现的身体和心理变化。

能力目标
(1) 能运用沟通协调等技巧,恰当处理老年人遇到突发事件时出现的各种情况。
(2) 在处理老年人遇到突发事件的情况时,能正确化解老年人之间的矛盾。

素质目标
(1) 在为老年人服务时要有耐心和责任心。
(2) 在处理老年人遇到突发事件的情况时,具有谦卑、柔和的态度。

在面对突发事件时,老年人的生理和心理等各方面都会发生明显的变化,很多老年人不能正确地面对和处理这些突发事件,导致自己的生活出现问题,身心受到影响。作为老年服务人员,我们要及时了解情况,与老年人进行有效沟通,帮助老年人处理好遇到突发事件后的认知、情绪和行为反应,使其尽快恢复到正常状态。

案例

王奶奶今年65岁,性格开朗,喜欢热闹,其老伴三年前因病去世。王奶奶有一个女儿,因工作忙,很少有时间回家。自老伴离世后,王奶奶觉得一个人在家太孤单,就住进了养老院。王奶奶性格开朗,又有很多兴趣爱好,很快就成为养老院里的活跃分子,经常与工作人员一起组织大家做手工、扭秧歌、打牌,是老年人中的"红人"。王奶奶也觉得在养老院生活很开心,很享受这样的生活。可是最近这两天,王奶奶一反常态,也不到活动室来了,经常一个人在房间里发呆,偶尔还暗自流泪。同屋的刘奶奶说,王奶奶前两天去体检了,向来身体健康的她,检查出了高血压,现在王奶奶有点接受不了,好好的身体,怎么就得了高血压了呢?现在王奶奶的心情很低落,像变了个人似的。

问题思考:
(1)当突然被告知患有疾病时,老年人通常会有哪些心理反应?
(2)在饮食和生活习惯上,患有高血压的老年人应该注意哪些问题?
(3)作为老年服务人员,如何帮助王奶奶调整低落的情绪,积极面对疾病?

第一节 与突然被告知患有疾病的老年人沟通

随着年龄的增加,老年人的身心健康水平日益下降,各种疾病也会随之而来。很多老年人在突然被告知自己患有疾病时,会出现一系列的心理反应,进而影响生活。我们要让老年人了解常见疾病的知识,调整心态,积极面对疾病,尽快恢复正常生活。

一、得知患病老年人的心理状态

(一)焦虑

焦虑是对未来或可能的风险过分担心和害怕的情绪状态,伴有运动性不安及自主神经症状。当老年人猝不及防地被告知患病时,他们可能会经历一种紧张且充满恐惧的情绪状态。面对各种检查和治疗,再加上药物可能带来的不良反应,都会使老年人产生焦虑。在某些情况下,这种焦虑可能会发展为严重的焦虑症。虽然焦虑症本身并非难治之症,但由于容易被忽视,它可能导致老年人的精神健康受到严重影响,甚至出现自杀行为。

(二)恐惧

恐惧是一种以高度紧张和害怕为基调的强烈焦虑体验。它通常是由某种对个体而言强烈的外界刺激所诱发,但也有缺乏明确外界刺激而自发发作的情况。老年人一旦得知自己生病后,很容易产生恐惧的心理状态。他们常常会担心疾病进一步加重,甚至认为自己离死亡不远了。尤其当他们对疾病缺乏了解时,更容易对自己患病产生忧虑和恐慌。

(三)悲观

悲观是对世事怀有消极的看法。表现为精神颓废,对现实状况不满,对事物的发展缺乏信心等。老年人往往对自己的病情持悲观态度,认为自己已经老了,无法胜任任何事情,生病不仅会给自己带来负担,还会给家人带来困扰,感觉自己的生命没有价值,产生特别强烈的无力感,很容易陷入悲观和失落的情绪中。

(四)抑郁

抑郁是一种以显著而持久的心境低落为主要临床特征的常见心境障碍。抑郁由各种原因引起,表现为心境低落与其处境不相称,严重者会出现自杀的念头和行为。抑郁症的症状主要有情绪低落、思维迟缓和行为活动减少这三方面的表现。有些老年人常把疾病严重化,认为自己病得很重,并把对疾病的感受泛化到生活中,觉得生活失去了意义。他们整天把自己封闭在自己的房间里,情绪低落,暗自流泪,郁郁寡欢,对原来热衷的事情失去兴趣。这些都是抑郁的表现,抑郁症存在自杀的高危倾向,患有抑郁症的老年人,如果有自杀倾向,紧急时要马上叫救护车送去医院观察和治疗。

二、深入了解老年人的基本情况

(一)分析老年人的异常表现

老年服务人员要仔细观察老年人的变化,同时与家属、老年人照护者进行沟通,了解老年人获知病情信息后身体状况、心理状态的变化,分析老年人出现异常表现的原因。

(二)了解老年人的病情

在与老年人进行交流之前,我们应该深入了解他们确诊疾病的详细情况。可通过查看病历资料或者与老年人的家属沟通,获取关于老年人所患疾病、病情严重程度、后续需要的检查和治疗等方面的信息。

(三)了解老年人的家庭情况

我们应该充分了解老年人的性格特征、家庭情况及家族中是否有类似病例等情况。如果有类似病例,我们需要了解其症状和结局等信息。通过深入了解老年人的相关情况,为后面的沟通做好准备。例如,今年70岁的李奶奶得知自己患有糖尿病时,情绪低落,不想吃饭,还经常把自己关在房间里。经了解情况得知,李奶奶的老伴就是因糖尿病去世的,所以李奶奶的反应才会这么强烈。在了解了背景情况后,才能在后续的沟通中更有针对性。

(四)学习疾病知识

作为老年服务人员,需要掌握老年人常见疾病的相关知识,包括疾病的临床表现、相关检查、治疗方法、预防保健等,以便更好地引导患病老年人正确认识疾病,更好地进行治疗和保健。老年人常见的疾病有以下几种。

1. 糖尿病

(1)临床特点:在糖尿病早期,病人无任何症状;当血糖明显升高时,病人可能会有多尿、多饮、多食及体重减轻等症状。重症糖尿病可引发酮症酸中毒、高渗性昏迷等急性并发症。如果长期患病,还可能出现冠心病、脑卒中、慢性肾衰竭、视力下降,甚至失明、下肢坏疽等慢性并发症。

（2）保健知识：①均衡饮食，控制总热量，避免高糖、高脂肪的饮食；②坚持体育锻炼；③定时监测尿糖及血糖，随时掌握病情；④遵医嘱按时服用降糖药；⑤按要求使用胰岛素；⑥注意有无药物不良反应及并发症出现。

> **知识链接**
>
> ### 糖尿病饮食注意事项
>
> 俗话说："民以食为天。"对糖尿病患者而言，科学饮食是调治糖尿病的关键环节，其控制效果会直接影响病情发展。
>
> 1. 制定饮食方案
>
> 每个患者情况不同，可以根据病情、活动量等信息，初步制定饮食方案。日常应根据就餐情况、体力活动、血糖监测情况、胃肠道功能等，及时调整膳食。
>
> 2. 合理搭配能量比例
>
> 合理控制总能量是糖尿病营养治疗的主要原则，以能维持或略低于理想体重为宜。蛋白质摄入要占到每日总能量的10%～15%；脂肪摄入量不能超过30%；碳水化合物摄入为50%～60%。
>
> 3. 三餐分配要合理
>
> 对于病情稳定的老年人，至少要保证一日3餐。血糖波动大、易出现低血糖的老年人就需要适当加餐，每日进餐5～6次。将同等重量的食物分成6份，每一份的压力自然就小了，这样既保证了一天的总摄入量，又不让一餐摄入过多，导致血糖升高。
>
> 4. 饮食控盐有讲究
>
> 很多老年人经常说自己盐摄入量控制得很好，比如每次做饭都用限盐勺等，却忽视了很多"含盐大户"，例如味精、鸡精、酱油、酱豆腐、酱菜、咸菜、泡菜、膨化食品等。因此，避免吃盐过多，应从两方面下手：一是少吃看得见的盐；二是少吃隐形盐。

2. 高血压

（1）临床特点：高血压是老年人常见的疾病之一，随着人均寿命的延长，老年高血压患者数量也在不断增加。高血压是多种心脑血管疾病的重要病因和危险因素，它会影响重要脏器（如心脏、大脑和肾脏）的结构和功能，最终导致这些器官的功能衰竭，是心血管疾病死亡的主要原因之一。通常情况下，高血压早期没有明显的症状，有些老年人可能多年自我感觉良好，直到体检时才发现血压升高。少数老年人在发生心、脑、肾并发症时才被诊断出患有高血压。

（2）保健知识：①饮食要低脂肪、低胆固醇、低盐、高维生素、高钙、高钾饮食；②选择适合自己的运动项目，坚持锻炼；③坚持长期、系统、合理治疗；④预防直立性低血压；⑤定期监测血压。

3. 冠心病

（1）临床特点：冠心病是冠状动脉粥样硬化使血管腔狭窄或阻塞，或（和）因冠状动脉功能性改变(痉挛)导致心肌缺血、缺氧或坏死而引起的心脏病。常在体力活动、运动、脑力劳动、情绪激动、饱餐、寒冷、大量吸烟时出现胸痛等症状。

(2)保健知识:①饮食要低热量、低脂肪、低胆固醇、高纤维,避免饱食,戒烟限酒;②避免诱导冠心病发作的诱因,如过度劳累、情绪激动、饱餐、寒冷等刺激;③保持排便通畅,切忌用力排便;④遵医嘱服药,不要擅自增减药量,自我监测药物的不良反应;⑤外出时随身携带硝酸甘油以备急需。

4. 脑卒中

(1)临床特点:脑卒中是指由于急性脑血管闭塞或破裂,导致脑局部或全脑神经功能障碍持续时间超过 24 小时甚至引起死亡的神经功能缺损综合征。脑卒中根据病因可分为缺血性和出血性两种,是我国的常见病,其发病率、致残率和致死率都很高。

(2)保健知识:①饮食宜清淡,多食蔬菜、水果,适量蛋白质饮食,忌油腻、辛辣;②积极治疗相关疾病,如高血压、动脉硬化、心脏病、糖尿病、高脂血症和肥胖症等,遵医嘱正确服用降压、降糖和降脂药物,切勿自行停药、减量或换药;③保证充足睡眠,保持心情舒畅;④积极进行康复训练。

三、创造良好的环境氛围

作为老年服务人员,了解了老年人的基本情况后要主动与老年人的家属联系,及时把老年人在养老机构的生活情况和病情告诉其家属,并积极动员家属多来养老院看望老年人,或者多给老年人打电话。鼓励老年人的家属和养老机构一起为老年人积极应对疾病共同努力。

与负责餐饮的相关人员协调好,针对患有疾病的老年人饮食上的特殊要求,尽量为患病老年人准备适合相应疾病的菜谱、水果等。鼓励动员老年人积极参与养老机构的活动,充实自己的生活;平时多督促老年人加强运动锻炼,保持良好的心态。

四、沟通技巧

(一)尊重

尊重是一种礼貌,是架起人与人之间友谊的桥梁,尊敬别人是自己获得尊敬的前提。只有尊敬别人,才能把别人的话听进去,才能进一步沟通。老年人突然得知自己生病时,可能会产生悲伤自卑的心理,因此我们要给予老年人明显的尊重和支持,并根据老年人的身份和习惯,亲切地称呼老年人"刘爷爷"或"刘老"等。

(二)多倾听

老年人喜欢倾诉,在沟通中要鼓励老年人畅所欲言,让他们自己讲出来、宣泄出来。老年服务人员要通过倾听老年人的心声,了解他们对疾病的认知、情绪变化;在倾听的过程中要注意采用恰当的面部表情、身体姿势,和老年人保持一定的目光接触,根据老年人的述说，及时给予反馈，表明自己在认真倾听。当老年人谈及自己所患的疾病时，我们要用同理、共情的语言，让老年人感受到对他的理解和关心。

（三）启发引导

在沟通过程中，如果患病老年人的情绪有所好转，开始谈起自己的病情时，可以去引导他们认知身体的变化，包括对疾病的正确认识，疾病应对的措施等。如果老年人的观点与我们的不同，不要着急去争辩，而应该把老年人的感受放在首位，再慢慢沟通具体问题。

（四）语言与非语言信息的恰当融合

在与老年人交流时，要注意运用非语言沟通技巧，控制好自己的情绪，把真诚、善意和希望通过得体的方式传递给对方，赢得其信任。保持微笑，让老年人感受到自己存在的价值，即自己是被家人、朋友或社会所关注、所需要、所接受的无可替代的人。

第二节 处理老年人之间的常见矛盾冲突

在养老机构，不同性格、不同生活习惯、不同家庭背景的老年人每天生活在一起，难免会发生摩擦，产生矛盾冲突。作为一名老年服务人员，要学会分析养老机构老年人之间产生矛盾的主要原因，了解处理矛盾冲突的原则，掌握具体处理措施。

▎立德树人

一颗真心，换回的也是真心

王菲是一位"00后"女孩，入职养老院近3年。一座6层的养老院，住着130多位白发老人，不断上演人生悲欢。李奶奶是被小儿子送到养老院的，大儿子在国外。她70多岁了，却不像其他老人一样安静，她很亢奋，睁开眼就到处走，到处叨叨。好几次，李奶奶都找不到自己的房间，她睡在了别人房里，还跟别人吵架，很多人不敢靠近她。同楼层的室友也不高兴，希望她搬到别的房间住。王菲通过自己的努力，使李奶奶与其他人融洽相处，还让李奶奶记住了她的名字。而这位老人，只记得两个名字。王菲说："在养老院，要让老人活得有尊严。"对这份工作，王菲很珍惜；对生活，王菲也充满感恩。

资料来源：https://www.xuexi.cn/lgpage/detail/index.html?id=18366894089768456291&item_id=18366894089768456291。

一、养老机构老年人之间产生矛盾的主要原因

（一）性格差异

养老服务机构中生活着很多老年人，每个人都有自己独特的性格特点。由于长期生活在一起，不可避免地会出现矛盾和摩擦。部分老年人难以接受他人的意见，他们倾向

于坚守自己的成就和经验，这种"固执"的性格特点可能导致其不谦让、不认输的行为，容易与其他人发生矛盾冲突，使得人际关系变得僵化。例如，有智力障碍的王爷爷主动给少言寡语的林爷爷叠衣服，林爷爷不喜欢别人碰自己的东西，抬手就给了王爷爷两拳。同屋的人看了，都觉得林爷爷不好相处，都不愿与他在同一房间居住。

（二）生活习惯差异

每个老年人的生活习惯各不相同，长期共同生活在一起很容易产生冲突，从而引发矛盾。例如，有些老年人喜欢安静的环境，而另一些老年人则喜欢热闹，这两类人生活在一起就容易发生矛盾。还有一些人喜欢早睡早起，但也有一些人喜欢晚睡晚起，这两类人生活在一起也难免产生矛盾。

（三）价值观不同

价值观是基于人的一定的思维感官之上而做出的认知、理解、判断或抉择，也就是人认定事物、辨别是非的一种思维或价值取向。由于不同的社会生活环境、教育经历和家庭背景，人们的价值观往往存在差异。当不同价值观的人在一起生活时，常常因为观点不同而产生矛盾。

（四）利益冲突

人是生存在现实社会的高级动物，人的生存需要一定的物质基础。在获取并保障生存所需物质基础的过程中，人与人会存在一些难以让双方甚至几方保持公平的因素，由此产生分歧和纠葛，这便形成了矛盾。矛盾升级就会产生纷争、斗争或战争。例如，有两位老年人都喜欢自己的床靠在窗边，可以每天晒到太阳，但受条件限制只能满足一位老年人，两位老年人之间就可能会因此产生矛盾。

二、处理矛盾冲突的原则

（一）安全第一

在养老服务机构中，当老年人之间发生争吵、争执甚至打架时，我们一定要第一时间阻止冲突，不能让恶劣的态势持续下去。尤其是老年人之间打架时，在劝阻打架的同时，一定要及时检查并评估老年人的身体状况。如果有人受伤，要评估其严重程度。受伤严重时，需第一时间通知家属并就近送医院进行检查和治疗，确保打架双方老年人的生命安全是第一位的。

（二）相互尊重

老年服务人员在处理冲突事件的过程中一定要尊重双方老年人。要用热情、真诚、友善、耐心的态度，接纳老年人的情绪，积极倾听老年人的委屈。同时，在与任何一方老年人沟通时，不能批评、指责他们闹矛盾的行为，更不能嘲笑他们的行为，要以关切的语言与其沟通。在做双方思想工作的过程中，要引导双方老年人学会尊重别人，学会从他人的角度换位思考，只有相互尊重，才能友好相处。

（三）一视同仁

作为老年服务人员，在协调处理老年人之间矛盾冲突的时候，要一视同仁，不能偏袒任何一方。在双方面前，千万不要主观地评论某一方，而是根据客观情况，以正向、积极的语言引导双方和解，做好他们的思想工作。

（四）以和为贵

当老年人开始逐渐缓解情绪、能心平气和地面对冲突时，老年服务人员要趁机劝说对方坚持以和为贵，鼓励他们要学会接纳对方的各种差异，和谐友好相处。彼此之间闹矛盾，最终受伤害的是自己。情绪激动容易引起各种疾病，只有心宽才能气和，与周围和谐相处，自己也才能过得舒心。

三、处理措施

（一）了解产生矛盾的原因

老年服务人员平时应注意观察老年人的变化，了解老年人是否出现人际交往中的纠纷。不要着急询问当事人，避免引起老年人情绪的激烈变化。发生冲突时，可以通过观察和与周围其他老年人沟通，详细了解整个事情的经过，分析两位老年人的关系变化及产生矛盾的主要原因。在充分了解老年人的性格特点的前提下，根据矛盾产生的原因，准备与老年人沟通的材料。

（二）与当事老年人进行沟通

1. 缓解老年人的情绪

由于老年人对吵架事件的理解不同，其情绪感受也是不一样的。老年服务人员与老年人谈话时，要先耐心倾听其想法和感受，进行语言上的共情。当老年人感受到老年服务人员的理解后，也会放下对工作人员的防御心理。

2. 与老年人进行沟通

当老年人的情绪缓和之后，也都认识到自己的言行存在一定的不当，这时要和老年人一起分析问题的根源，共同找出解决的方法，需要用换位思考的角度去理解和接纳对方，给老年人一个思考的时间和空间。

最后，老年服务人员可以找他们一起会谈，引导其以和为贵，劝解老年人之间要好好沟通，相互尊重，只有相互谅解和包容，生活才会开心快乐，身体才会健康。

（三）处理老年人之间矛盾冲突事件的注意事项

（1）在处理老年人之间的矛盾冲突时，要时刻顾及老年人的面子和自尊，在养老院相关政策制度及原则范围之内，尽量满足老年人的要求。

（2）在处理老年人之间的矛盾冲突时，尽量做到"大事化小、小事化了"，涉及面不要太大，尽量不要影响到其他老年人的正常生活。

（3）如果老年人之间矛盾冲突事件比较严重，甚至身体也受到伤害，应及时告知家属，共同来协商解决问题，受伤严重者应及时送到医院治疗。

（4）在协调沟通的过程中，老年服务人员必须遵循上述原则，不能偏袒任何一方，而是表现出真诚和关怀。我们应该以老年人的需求为出发点，并注意使用非语言行为来传达我们的意图。此外，我们还需要保持温和的语气和真诚热心的态度，真正帮助老年人解决矛盾，让他们重新和睦相处。

（四）做好后续工作

在处理老年人矛盾冲突后，一定要关注追踪老年人的情绪变化和感受，要不断地疏导，直至他们能完全放下。如果发生矛盾冲突的老年人是在同一个房间居住，并且只有两个人居住，两个人心结无法解开，或者都想保留自己的想法和感受，不想改变自己的生活方式，养老机构需要及时对老年人的住宿进行重新安排，以免冲突再次发生。

（五）营造和睦相处的良好氛围

为避免老年人之间的矛盾冲突，营造养老机构和睦相处的良好氛围，在安排住宿时，生活习惯、文化水平、性格差异大的老年人应尽可能不安排在同一房间，同时养老机构需要开展一些有益于老年人的文化娱乐休闲活动，倡导老年人之间友好交流、相互帮助、相互学习、和睦相处的良好风尚。

第三节　与和家人闹矛盾老年人的沟通

老年人身体状况的变化、角色地位的变化、与子女之间的关系变化等都会影响到老年人与家庭成员之间的关系。作为老年服务人员，要掌握老年人家庭关系的影响因素，正确处理老年人与家人之间的矛盾。

一、老年人家庭关系的影响因素

（一）老年人生理及心理的变化

随着年龄的增大，老年人的各种生理功能减退，常感觉到力不从心，倘若又有糖尿病、高血压等慢性疾病缠身，会进一步影响到老年人的心理状态。很多老年人没有很好的宣泄途径，加上老年人不善表达，很多时候就会把这种郁闷和难受转移发泄到家人身上，影响到家庭氛围，甚至会与家人发生争吵。

（二）老年人角色地位的变化

很多老年人离退休以后，突然要改变几十年一贯的工作生活习惯，生活的重心从工作转移到家庭琐事，生活节奏由快变慢，主要角色和生活内容的转变让其一时难以适应，自我的价值感和存在感无法得到体现，心里的那份失落感和无力感无法排解。老年人如果经常在家里上演"工作角色"，难免会发生一些矛盾摩擦。

(三) 老年人子女的不孝顺

一些儿女不孝顺，平时不关心、照顾父母，还要让父母帮自己做事，又经常嫌弃父母做得不好。有些子女还经常跟父母要钱，时间长了，老年人也会忍受不了，老年人与子女的矛盾就会增加。

(四) 老年人与子女的生活习惯、观点不同

有些三代同堂的家庭，小孩子是由老年人养大的，受到特别的溺爱。由于子女与父母教育孩子的理念不同，因此在孩子的教育问题上容易发生矛盾。有些老年人与子女住在一起，生活习惯不同，对待事物的观点看法不同，相处时间久了也容易产生矛盾。

二、处理措施

(一) 了解老年人家庭的基本情况

了解老年人家庭的基本情况，包括了解老年人家庭成员的组成结构及其互动模式，每位成员的性格特点，以及成员之间的关系是否融洽等。需要注意的是，我们要以中立的态度去观察，不能有偏见。

(二) 分析家庭中存在的问题

在分析问题时，要通过深入接触家庭及了解家庭的每位成员，对家庭生活的环境、家庭的状态和结构、家庭成员的沟通表达方式、家庭成员之间的关系等进行分析，只有发现家庭问题的本质，才能采取适当的工作方式和方法去协助处理家庭矛盾。

(三) 协助家庭一起解决家庭矛盾问题

在处理问题的过程中，有时需要改变家庭的交往方式，改善或者改变家庭某个成员的问题。具体而言，主要有三个目标：改变家庭成员的某些看法，改变家庭成员之间某种固化的互动交流模式，甚至改变整个家庭的价值理念。因此在处理家庭问题时，需要我们运用多样化的沟通技巧和手段，去努力解决家庭矛盾中存在的本质问题。

(四) 追踪回馈关注

在完成几次会谈、结束对家庭问题的介入后，我们需要随时关注家庭成员的变化。我们可以通过电话回访老年人的家庭情况，及时肯定和表扬他们所取得的任何微小进步，并鼓励他们巩固良好的沟通互动方式。同时，我们也要鼓励老年人培养自己的兴趣爱好，积极参与社区或养老机构的各项活动。

习题

1. "我的病是不是很严重了""接下来我该怎么去面对疾病"这是老年人对疾病的( )心理。

  A. 恐惧   B. 伤心   C. 自卑

D. 悲观 E. 平静

2. 下列（　　）不是老年人常见的慢性疾病。

　　A. 糖尿病　　　　B. 高血压　　　　C. 胃病
　　D. 冠心病　　　　E. 白血病

3. 在疏导被突然告知患有疾病的老年人的不良心理反应时，以下错误的做法是（　　）。

　　A. 倾听对方　　　　　　　　　B. 共情对方
　　C. 引导老年人正确面对疾病　　D. 教育老年人不要难过
　　E. 与其家属沟通

4. 在劝解老年人之间的矛盾时，以下做法错误的是（　　）。

　　A. 理解对方　　　B. 尊重对方　　　C. 价值中立
　　D. 多帮助弱势的一方　　E. 学会倾听

5. 以下不属于处理老年人之间的矛盾冲突需遵循的原则的是（　　）。

　　A. 以和为贵　　　B. 价值偏向　　　C. 相互尊重
　　D. 安全第一　　　E. 一视同仁

6. 下列关于处理老年人的矛盾冲突时的注意事项中，正确的是（　　）。

　　A. 无须顾及双方的面子　　　B. 小事变大事处理
　　C. 顺其自然发展　　　　　　D. 满足老年人的一切需求
　　E. 多关注老年人的情绪变化和感受

7. 以下不属于影响老年人家庭关系的因素的是（　　）。

　　A. 老年人与子女生活习惯不同　　B. 老年人生理变化
　　C. 子女不孝顺　　　　　　　　　D. 养老机构的管理
　　E. 老年人角色地位的变化

8. 在协助家庭处理家庭矛盾时，下列做法错误的是（　　）。

　　A. 只与家庭主要成员谈话　　B. 要深入家庭进行会谈
　　C. 结束后要继续追踪　　　　D. 要仔细观察每位成员的心理反应
　　E. 要了解家庭基本情况

第十一章

与临终老年人沟通

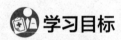 学习目标

知识目标
（1）能够概述临终老年人面对死亡时的心理特征。
（2）能够阐述进行临终关怀的意义。

能力目标
（1）能灵活运用沟通技巧，与临终老年人进行有效沟通。
（2）能够运用沟通技巧，安抚家属的情绪。

素质目标
（1）对临终老年人及家属充满耐心、爱心。
（2）在为临终老年人服务时具备同理心。

案例

张爷爷今年86岁，肺癌晚期。经过一段时间的住院治疗后，效果并不理想，他失去了战胜疾病的信心，返回养老院接受临终照护。张爷爷知道疾病已危及生命而表现出抑郁和悲哀的情绪，出现失落、退缩，情绪消沉、沉默、哭泣等。甚至有一次，他趁家人不注意，竟然想从窗户跳楼，幸亏被家人及时发现并制止了他的轻生行为。

问题思考：
（1）在该案例中，张爷爷面对疾病时的心理反应处于什么阶段？
（2）如果你是这家养老院的老年服务人员，你该如何与张爷爷进行沟通呢？

第一节 与临终老年人的沟通技巧

死亡是临终老年人的敏感话题,面对死亡话题,临终老年人一般会经历拒绝、愤怒、协议、沮丧和接受五个阶段,每个阶段的老年人有着不同的心理反应。了解面对死亡话题时临终老年人的心理状态,将有助于老年服务人员更好地为临终老年人开展服务工作。

一、临终老年人的心理反应阶段

临终老年人的心理反应十分复杂。美国医学博士伊丽莎白·库勒·罗斯通过观察,将临终患者的心理反应过程分为五个阶段,即否认期、愤怒期、协议期、抑郁期与接受期。

(一)否认期

当临终老年人得知自己即将面临死亡时,通常会说:"不,一定是搞错了!"他们会抱着侥幸的心态多方求医,想以此证明那是误诊。这是一种心理防卫机制,可以减少不良信息对临终老年人的刺激,使临终老年人能够躲避现实,有更多的时间来调整自己,更好地面对现实。这个时间的长短因人而异,大部分老年人能很快度过,但极少数人会持续否认直至死亡。

(二)愤怒期

当否认无法持续,临终老年人又不理解时,常表现为生气或愤怒,这时他们的心理是:"为什么是我!这不公平!"因此经常迁怒于家属和老年服务人员。这个时期老年人的心里会充满怨恨与嫉妒,往往对治疗、护理等表示不满,变得不合作或难以接近。

(三)协议期

当临终老年人愤怒的心理消失后,开始接受临终的事实。老年人会希望延长自己的生命,常常表示:"如果让我好起来,我一定……"部分老年人会许愿或做善事,希望能扭转自己死亡的命运,有些人则对过去做过的错事表示悔恨,变得很和善。这一时期的临终老年人对自己的病情尚抱有希望,愿意配合治疗。

(四)抑郁期

随着病情的进一步恶化,临终老年人意识到无法阻止死亡的来临,治疗已经无望,因而表现出抑郁和悲哀,出现失落、退缩、情绪消沉、沉默、哭泣等反应,甚至有轻生的念头。此时,有些临终老年人开始交代后事或请求会见亲友,想要由自己喜爱的人陪伴。

(五)接受期

接受期是临终的最后阶段,此时临终老年人对死亡已有所准备,变得平静、安详,情感减退,对外界反应冷漠。此时老年人的心理是:"好吧,既然是我,那就去面对吧。"有的老年人会进入嗜睡状态,静等死亡的来临。

临终老年人的心理反应过程不是一成不变的固定模式，而是因人而异的。有时会交错出现，有时会缺失，有时会推后，各个阶段的持续时间也不一样，需认真地观察。

二、进行临终关怀的意义

（一）提高临终老年人的生存质量，维护生命尊严

临终关怀要从优化生命质量出发，满足临终老年人的生理需要和心理需求，使临终老年人在充满温情的氛围中，平静地接受死亡，安详、安静、无痛苦且有尊严地离开人世。

（二）安抚家属子女，减轻家属的心理负担

临终关怀能够减轻临终老年人家属在亲人临终及离世后所承受的精神痛苦，并可以帮助他们接受亲人离世的现实，顺利度过居丧期，尽快适应失去亲人的生活，缩短悲伤过程。此外，临终关怀还可以使家属的权利和尊严得到保护，获得情感支持，保持身心健康。

（三）转变观念，真正体现人道主义精神

临终关怀是以医学人道主义为出发点，以提高人的生命质量为宗旨，是医学人道主义精神和生物—心理—社会医学模式的具体体现。作为一种新的医疗服务项目，临终关怀是对现行医疗服务体系的补充。

（四）维护临终老年人的生命质量，体现社会文明

现代临终关怀理论认为，临终老年人的生命与其他人的生命没有任何本质上的区别，维护临终老年人的生命质量应当成为现代文明社会的基本伦理道德规范。临终关怀是社会文明的标志。

三、与临终老年人沟通的基本原则

（一）倾听原则

面对临终老年人，作为倾听者的老年服务人员要做到以下几点。

1. 谈话姿势

与临终老年人沟通时要选择合适的姿势，身体应稍微前倾或弯下腰去倾听，让老年人感觉到你对他的尊重。不要让老年人抬起头或远距离跟你说话。

2. 目光接触

不同的眼神可以起到不同的作用。例如，关爱的眼神可使人感到愉快，鼓励的眼神可使人感到振奋，责备、批评的眼神可使人产生内疚的感觉，安详的眼神则可使临终老年人放松对死亡的戒备。老年服务人员要善于运用这些眼神。临终老年人往往会用一种特殊的目光注视来看望他的人，老年服务人员一方面要善于从老年人的目光中发现他的

心理需求，另一方面也要善于运用目光的接触表达对老年人的关注、鼓励和关爱。

3. 手势与身体接触

通过与临终老年人的恰当接触，了解老年人的情绪和心理变化，可以达到沟通的效果。触摸是一种无声的语言，是与临终老年人沟通的一种特殊而有效的方式。触摸式护理，是建立心理沟通的有效手段，也是部分老年人比较容易接受的方法。老年服务人员坐在老年人床旁，握住老年人的手耐心倾听对方诉说，通过皮肤的接触满足老年人心理的需求，通过语言、神态、手势，向虚弱而无力的临终老年人表现出理解和关爱，以体现生存价值，减少孤独感。例如，双手或单手握住老年人的手，轻拍老年人的手臂、手背。

（二）尊重原则

1. 尊重的态度

老年服务人员要热情、理解、无条件地接纳临终老年人，不强求他们做任何自己不愿意做的事情。

2. 尊重的内容

老年服务人员要尊重老年人的性格、风俗习惯、宗教信仰，尊重老年人的心愿或临终遗言等。

（三）同理心原则

1. 多提开放式问题

老年服务人员在与临终老年人沟通时，可以多问一些开放式的问题。例如，"您能谈谈这两天的感受吗？""您心里有什么想法可以随意地和我聊聊吗？"等等。

2. 放慢沟通节奏

在与临终老年人沟通时做到"慢"，让临终老年人有足够的时间表达他们的想法，当老年人停顿时也不要急着抢过话题，要给对方整理思绪的时间。

3. 判断谨慎

当临终老年人在表达他们的想法时，老年服务人员要做到"跟"，即跟随着老年人的思路去感受他们所讲述的话语，不要对他们的话语太快地下判断，等听完了所有的话语后再委婉地表达自己的看法。

4. 全面把握临终老年人的情况

老年服务人员在倾听临终老年人说话时要全面把握老年人的情况，包括老年人的过去经历等，这样才能真正地进入老年人的内心世界去理解他。

（四）积极关注原则

老年服务人员对临终老年人要进行积极的关注，用积极的态度看待临终老年人，发现他们身上的积极点，同时将所发现的这些积极点告诉他们，这样会引起他们更大的积极转变。

四、与临终老年人沟通的基本步骤

（一）掌握临终老年人的基本情况

良好沟通的第一步，就是要掌握老年人的基本情况。包括个人资料、家属叙述、医生诊断、疾病进展、睡眠、饮食、性格特点、疾病的态度、情绪、行为表现等。在与临终老人沟通时，我们要尽可能地减轻他们的痛苦，可以帮助他们调整床单位置、按摩、香薰等，并注意观察老人的反应和症状，及时采取措施。

（二）倾听临终老年人的心理需求

作为老年服务人员，应该认真、仔细、耐心地倾听老年人诉说，使其感到被支持和被理解。对虚弱而无力进行语言交流的老年人，可以通过表情、眼神、手势表达理解和关爱。例如，对老年人经常示以微笑并进行恰当地抚摸，可以轻轻抚摸临终老年人的手、胳膊、额头及背部等，减轻其孤独和恐惧感，使他们有安全感和温暖的亲切感。倾听的目的是要更客观全面地了解老年人，同时也是让老年人的情绪得以合理的宣泄，并从中了解老年人临终前的心愿，倾听老年人的心事，尽量满足老年人的心愿。

（三）合理表达对临终老年人的劝告和慰藉

老年服务人员在与临终老年人建立了良好的沟通关系，通过倾听了解老年人的心事之后，老年服务人员接着要做的就是要对老年人进行贴合其心理的劝告和慰藉。

知识链接

临床死亡分期

死亡不是生命的骤然结束，而是一个逐渐发展的过程，一般可以分为三个阶段，即濒死期、临床死亡期和生物学死亡期。

1. 濒死期（临终状态）

在濒死期，机体各系统的机能发生严重障碍，神志不清，但有时意识尚存。当事人会表现出烦躁不安，感觉迟钝，肌张力丧失，大小便失禁，各种深浅反射逐渐消失，心跳减弱，血压降低，呼吸变浅、变弱，出现潮式或间歇呼吸，说话困难，听觉消失等症状。由于能量锐减，身体的各种机能活动极度减慢。这段持续的时间根据病情而定，有些猝死的病人，因心跳、呼吸骤停，则无明显的濒死期而直接进入临床死亡期。

2. 临床死亡期

临床死亡期的主要特征为心跳、呼吸完全停止，各种反射消失，延髓处于深度抑制状态，但各种组织中仍有微弱代谢活动。在一般条件下，持续时间为4～6分钟（即血液供应完全停止），但在低温条件下可延长1小时左右，超过这个时间，大脑将发生不可逆的变化。在这个阶段，由于重要器官的代谢过程尚未完全停止。例如，如果对失血、窒息、触电等致死的病人给予积极抢救复苏，仍有生还的可能。

3. 生物学死亡期

生物学死亡期是死亡过程的最后阶段。从大脑皮质开始，整个神经系统及各器官的新陈代谢相继停止,并出现不可逆的变化,机体已不能复活。随着生物学死亡期的进展,相继出现早期尸体现象。

(1) 尸冷:指死亡后尸体温度逐渐下降,是死亡后最早发生的改变。死亡后,机体产热停止,散热继续,尸体温度逐渐下降,一般死亡后10小时内尸体温度下降速度约为每小时1℃,10小时后变为0.5℃,大约24小时左右尸体温度与环境温度相同。

(2) 尸斑:呈暗红色斑块或条纹,出现在尸体的最低部位,一般在死亡2~4小时后出现。

(3) 尸僵:指尸体出现肌肉僵硬、关节固定的现象。由于ATP酶缺乏,肌肉收缩而使尸体变硬。一般于死后1~3小时出现,4~6小时扩展至全身,12~16小时发展至高峰,24小时后尸僵开始减弱,而后肌肉逐渐变软,称为尸僵缓解。

(4) 尸体腐败:指死后机体组织的蛋白质、脂肪、碳水化合物在腐败细菌的作用下发生分解的过程。一般于死亡24小时后发生(气温高时发生较早),尸体腐败常见的表现有尸臭、尸绿等现象。

资料来源:http://portal.smu.edu.cn/smjyu/info/1003/1044.htm。

第二节 与临终老年人家属的沟通

一、临终老年人家属的心理反应

(一) 震惊和不知所措

突然知道自己的亲人患了绝症或离开人间,家属首先会有震惊的反应,出现一些异常的行为及言谈,表现为:说话语无伦次,行为上自控能力低,不想承认眼前发生的一切,不信事实,不听劝解,四处求医。震惊之后,家属会出现不知所措的反应,表现为思维混乱,无主见,依赖性增强,无法做出理性选择。

(二) 情绪反复无常和内疚罪恶感

痛失亲人或亲人将不久于人世,家属会有多种心理表现,除了对老年人或命运感到气愤、怨恨等,同时也会产生痛苦、悲叹挫折及无助的感受。他们可能会自责过失,采取一些过激的行为,例如撞墙、不愿离去等,还会责怪养老机构设备不先进、抢救不得力等。

(三) 失落与孤独

老年人临终或已逝,物在人亡,家属可能会见物忆人,触景生情,出现伤感、痛苦的情绪,并有深深的孤独感,总希望能有其他家属陪伴,害怕一个人独处。

(四) 解脱和重组生活

认清逝者已逝,痛苦和折磨已成过去,尤其是在长期照顾一个临终老年人以后,家属在老年人逝后最初的哀伤后，可能会有解脱的感觉。这种解脱不仅源于死亡是对老年人的解脱，也是对家属的一种解脱。由于各方面的反应，家属逐渐适应并开始重新安排自己的生活，寻找新的生活方向。这种生活重组的时间跨度与家属和逝者的关系，逝世的情境及家属本身的性格、社会适应能力有关。

二、与临终老年人家属的沟通策略

老年服务人员要理解老年人家属的心理活动，帮助他们从痛苦中解脱出来，使他们支持临终老年人的护理工作。同时，要动员家属与社会成员多探视老年人，促进家属与老年人之间的沟通及了解，消除以往的积怨及减轻过分的自责与哀伤，使他们在这珍贵及有限的时光中，能彼此支持、互相谅解，避免互相留下不可弥补的遗憾。沟通时，老年服务人员要站在家属的角度，体察他们的需要，并通过敏锐的观察力，适当地将家属内心的情感反映出来，使家属感受到被了解及接纳。下面介绍的是沟通前后需要做到的内容。

（一）做好谈话前的准备工作

在与家属沟通前，一定要对临终老年人及家属的意愿进行初步的了解。一般建议由1～2位老年服务人员参与，做好谈话记录，并签名。

（二）创造良好的谈话环境

谈话时应该在安静、隐私、温馨的环境下进行，要有充分的时间，良好的气氛，才能让家属放松，让他们有被尊重的感觉。

（三）尊重家属的知情权

在谈话中，一定要将照护过程中的问题与风险明确告知家属，让家属能够知情，并做好相应的准备。但对于临终老年人的生存期预测，很难做到准确的预测，因此，我们只能做出大致的预测，切不可给出非常具体的时间，否则可能会给我们的工作带来麻烦和纠纷。

（四）理解家属的痛苦心理

面对即将离世的家人，家属的痛苦心情是可以理解的，老年服务人员要给予充分的理解和接纳。在谈话过程中要注意关注家属的态度和情绪，耐心地倾听家属的意见。

（五）鼓励家属表达内心情感

老年服务人员应协助家属接受事实，对于情绪反应强烈的家属给予恰当的安抚，对于情绪过于压抑的家属要引导其表达自己内心的情感。老年服务人员要耐心地倾听家属的倾诉，使其内心的情绪得以宣泄。当家属遇到不能解决的困难时，要给予积极的理解，消除家属的疑虑。

（六）满足家属照顾临终老年人的需要

老人临终时，最好能让家属参与临终老年人的日常照顾，并对其进行有效的指导，示范有关的护理技术，满足家属对老年人临终关怀的一份心愿。同时帮助家属寻求其他的社会支持。例如，寻找其他家属共同帮助其做好居丧服务，帮助家属了解有关社会资源（如经济补助、义工团体等）信息。

（七）协助家属维持家庭的完整性

老年服务人员应协助家属在养老服务机构安排日常的家庭活动，例如共进晚餐、看电视、下棋等。在恰当的情况下，激发家属的家庭责任感和社会责任感，让其勇敢地面对现实，担负应负的责任。当老年人逝世后，要鼓励家属宣泄感情，积极面对生活。

立德树人

76岁退休教师捐献遗体角膜，"重返讲台"成"大体老师"

2022年11月8日，退休教师王万岳在陕西省西安市阎良区人民医院逝世，享年76岁，他用捐献遗体和角膜的大爱之举为生命画上句号。根据老人和家属的意愿，西安市红十字遗体捐献中心和西安普瑞眼科医院红十字眼角膜捐献工作站的工作人员赶赴医院，为王万岳老人进行眼角膜捐献和遗体告别仪式。

一支粉笔，两袖微尘，三尺讲台，四季耕耘。王万岳生前是西安阎良铁路职校的一名人民教师，一生兢兢业业、勤勤恳恳。他曾是学校最早教授计算机课程的老师，是学生心目中的榜样。2021年6月，王万岳老人被确诊患有白血病，他曾教过的学生们不知道从哪里得知的消息，纷纷给家里寄钱、打款，有的给6000元，有的出10000元，这些爱心捐款都被妻子吴勇依婉拒了。吴勇依老人说："受不起，受不起，学生的心意我们领了。"后来，王万岳老人一直积极治疗，但终究不敌病魔，病情恶化，在生命垂危的弥留之际还再三叮嘱妻子："人体器官捐献登记卡在第二个抽屉里，别忘了我的愿望。"11月8日中午，老人像往常一样睡着了，只是再也没有醒来……随后家人帮助他实现了生前心愿——捐献遗体和眼角膜。

王万岳老人的遗体将"重返讲台"，成为"大体老师"，老人的眼角膜将移植给数名角膜病患，帮助他们重见光明。

资料来源：https://baijiahao.baidu.com/s?id=17507966806644127736&wfr=spider&for=pc。

习题

1. 老年服务人员与临终老年人沟通时要注意（　　）。
   A. 仰视对方　　　　　　　　　　B. 多问封闭式问题
   C. 沟通时要快，不要拖延时间　　D. 用积极的态度看待临终老年人
   E. 保持远距离跟老人说话
2. 与临终老年人沟通的第一步通常是（　　）。
   A. 问清楚老年人的问题

B. 建立良好的沟通关系
C. 合理表达对老年人的劝告
D. 合理表达对家属的劝告
E. 倾听老年人的心事,尽量让老年人的心愿得以满足

3. 对处于拒绝阶段的临终老年人,老年服务人员要(   )。
   A. 具有真诚态度,不要揭穿老年人的防卫机制,温和地回答老年人对病情的询问
   B. 尽早让老年人知道即将离世的事实,让其安详、平静地离开
   C. 与老年人讨论关于疾病的事实
   D. 让家属做好老年人离世的准备
   E. 置之不理,等老人想明白了再沟通

4. 对处于沮丧阶段的临终老年人,老年服务人员要(   )。
   A. 注意安全,及时观察老年人的不良心理反应,预防老年人的自杀倾向
   B. 隐瞒老年人的病情
   C. 让老年人一个人静一静,尽量不让工作人员或家属打扰他
   D. 对老年人进行有关生命历程(生老病死)的教育,一定要让他接受即将死亡的事实
   E. 让家属做好老年人离世的准备

5. 老年服务人员面对临终老年人的家属要(   )。
   A. 尽量避免谈及死亡话题
   B. 让家属不要宣泄痛苦的情绪以免影响老年人
   C. 不让家属经常待在老年人身边
   D. 满足家属照顾病人的需要
   E. 让家属做好老年人离世的准备

参考文献

[1] 王建民，谈玲芳. 老年服务沟通实务 [M]. 北京：中国人民大学出版社，2015.

[2] 王丽. 老年人沟通技巧 [M]. 北京：海洋出版社，2017.

[3] 刘文清，潘美意. 老年服务沟通技巧 [M]. 北京：机械工业出版社，2018.

[4] 倪红刚，彭琼，贾德利. 老年人沟通技巧 [M]. 北京：北京师范大学出版社，2015.

[5] 孟令君，贾丽彬. 老年服务伦理与礼仪 [M]. 北京：北京大学出版社，2013.

[6] 位汶军，过玉蓉. 护理礼仪与人际沟通 [M]. 北京：北京大学医学出版社，2017.

[7] 周淑英，化长河. 老年服务伦理与礼仪 [M]. 北京：北京师范大学出版社，2015.

[8] 雷雨，陶娟. 老年服务礼仪与沟通技巧 [M]. 北京：北京理工大学出版社，2021.

[9] 李慧玲. 老年人沟通技巧 [M]. 北京：科学出版社，2022.

[10] 王燕，高静. 老年护理学 [M]. 北京：中国中医药出版社，2021.

[11] 杨巧菊. 护理学基础 [M].北京：中国中医药出版社，2021.

[12] 罗先武，俞宝明. 2023全国护士执业资格考试冲刺跑 [M]. 北京：人民卫生出版社，2022.

[13] 冯晓丽，李勇. 养老服务职业技能培训教材——老年照护（初级）[M]. 北京：中国人口出版社，2019.

[14] 丁梅. 护士职业素养 [M]. 北京：人民卫生出版社，2015.

[15] 易滨秀，朱庆欣，杨红. 基于工作过程系统化的智慧健康养老服务与管理人才培养模式构建 [J]. 天津中德应用技术大学学报，2022（3）：7.

附 录

参 考 答 案

第一章参考答案：1. D 2. A 3. B 4. D 5. B 6. D 7. C
第二章参考答案：1. E 2. E 3. B 4. A 5. B 6. C 7. B 8. D
第三章参考答案：1. E 2. D 3. E 4. C 5. B 6. C 7. D
第四章参考答案：1. A 2. C 3. A 4. E 5. D 6. D 7. B
第五章参考答案：1. D 2. B 3. D 4. C 5. D 6. D 7. B 8. D 9. A
　　　　　　　10. D 11. C 12. D
第六章参考答案：1. A 2. B 3. B 4. C 5. D 6. C 7. B
第七章参考答案：1. C 2. B 3. D 4. B 5. A
第八章参考答案：1. E 2. D 3. E 4. C 5. B 6. D 7. B
第九章参考答案：1. E 2. D 3. E 4. A 5. C 6. B 7. C 8. B 9. B
　　　　　　　10. D 11. C 12. B
第十章参考答案：1. A 2. E 3. D 4. D 5. B 6. E 7. D 8. A
第十一章参考答案：1. D 2. B 3. A 4. A 5. D